UNIVERSITÉ DE FRANCE. — ACADÉMIE DE RENNES

FACULTÉ DE DROIT

THÈSE POUR LE DOCTORAT

DROIT ROMAIN : *De la Preuve.*
DROIT FRANÇAIS : *De la Preuve testimoniale.*

CETTE THÈSE SERA SOUTENUE LE SAMEDI 31 MAI 1884, A TROIS HEURES DU SOIR

PAR

Jules-Olivier MOLANT

AVOCAT DE PREMIÈRE INSTANCE

Né à Nantes.

EXAMINATEURS:

MM. BODIN, doyen.	
EON,	
MARIE,	Professeurs.
GUÉRARD,	
TRUGEON,	Agrégé.

POITIERS
IMPRIMERIE TOLMER ET Cⁱᵉ
RUE DE LA PRÉFECTURE
1884

UNIVERSITÉ DE FRANCE. — ACADÉMIE DE RENNES

FACULTÉ DE DROIT

THÈSE POUR LE DOCTORAT

DROIT ROMAIN : *De la Preuve.*

DROIT FRANÇAIS : *De la Preuve testimoniale.*

CETTE THÈSE SERA SOUTENUE LE SAMEDI 31 MAI 1884, A TROIS HEURES DU SOIR

PAR

Jules-Olivier MOLANT

AVOCÉ LE PREMIÈRE INSTANCE

Né à Nantes.

EXAMINATEURS :

MM. BODIN, doyen.

EON,

MARIE,　　　　　　 } Professeurs.

GUÉRARD,

TRUGEON,　　　　　　 Agrégé.

POITIERS

IMPRIMERIE TOLMER ET Cⁱᵉ

RUE DE LA PRÉFECTURE

1884

A LA MÉMOIRE DE MON PÈRE

———

A LA MÉMOIRE DE MA SŒUR AINÉE

———

A MA MÈRE

———

A MES PARENTS

———

A MES AMIS

AVANT-PROPOS

La certitude est un état particulier de l'entendement qui résulte de causes diverses, variables avec les individus.

Descartes, en parlant des quatre principes qu'il se proposait d'observer, avant qu'il eût trouvé une base solide à ses spéculations, dit : « Le premier était de
» ne recevoir jamais aucune chose pour vraie, que je
» ne la connusse évidemment être telle..., et de ne
» comprendre rien de plus en mes jugements que ce
» qui se présenterait si clairement et si distinctement
» à mon esprit, que je n'eusse aucune occasion de le
» mettre en doute. » (*Discours sur la méthode*, II, § 7.)
Il faut en conclure que la certitude est purement subjective, et que la recherche d'un critérium de la certitude est absolument vaine.

L'homme n'arrive pas à la certitude absolue, puisqu'il n'a nul moyen de contrôler la conformité de ses idées avec leur objet, puisqu'en un mot la certitude n'est qu'un phénomène. Il serait par conséquent logique

que l'homme ne fît rien d'absolu ; c'est le contraire qui a lieu ; ses moindres actions ont le caractère définitif du fait accompli.

La raison en est dans la facilité avec laquelle chacun arrive à la certitude, en se confiant à des probabilités que l'expérience a souvent ou toujours confirmées, sans se préoccuper, au moment où il agit, de savoir s'il est dans le vrai absolu.

La vie serait impossible sans cette confiance.

L'homme agit parce qu'il croit, dans l'ordre matériel, au témoignage de ses sens, dans l'ordre intellectuel à la vérité de certains principes : « L'homme ap- » porte, dans la recherche la plus consciencieuse de » la vérité, les délibilités de son esprit, l'imperfec- » tion de ses connaissances, les erreurs qui forment » la plus grande part de ce qu'il appelle la science ! » Tel est le fondement unique de la vérité humaine.» (Faustin-Hélie, *Instr. crim.*, t. V, p. 401.)

Quelle fragilité! Et cependant l'homme, assuré de sa propre justice, prononce souverainement sur la vie ou sur l'honneur de son semblable.

Il est vrai que la justice humaine s'entoure de l'ensemble des procédés les plus propres non-seulement à lui donner la certitude, mais encore à lui permettre d'atteindre la vérité absolue, quand toutefois il est possible qu'elle y parvienne. Ces procédés sont les preuves ; la justice ne prononce qu'après les avoir faites.

L'homme ne connaît que son fait ou le fait d'un autre homme ; au delà il croit. La preuve, c'est le contrôle du fait : « C'est, dit Domat, ce qui persuade » l'esprit d'une vérité. » (*Lois civ.*, liv. III, tit. vi.)

— « *Probatio est rei dubiæ per argumenta ostentatio.* »
(Accurse.)

« Qu'est-ce qu'une preuve ? se demande Bentham.
» Dans le sens le plus étendu qu'on puisse donner à
» ce mot, on entend par là un fait supposé vrai que
» l'on considère comme devant servir de motif de
» crédibilité sur l'existence ou la non-existence d'un
» autre fait. » (Ch. IV.)

D'Aguesseau dit avec plus de clarté : « Tout l'art de
» l'esprit humain, toute la prudence des juges con-
» siste à tirer d'un fait connu une conséquence cer-
» taine, qui fasse arriver à la connaissance d'un fait
» douteux. » (T. II, p. 538.)

D'autres jurisconsultes ont vu dans la preuve uniquement un résultat ; ainsi Balde dit : « *Probatio est*
» *fides viri legitimis modis et temporibus facta.* » — « La
» somme des motifs producteurs de la certitude se
» nomme preuve. » (Mittermaïer, *De la preuve en mat.*
crim., p. 63.) — « La preuve est une conséquence légi-
» time qui résulte d'un fait évident, dont la certitude
» fait conclure qu'un autre fait, dont on ignorait la
» vérité, est véritable ou ne l'est pas. » (Danty, *Pr.*
test., n° 4.)

Procédé ou résultat, les deux définitions conviennent à la preuve, suivant le temps où on la considère. Mais la preuve est toujours le moyen employé
pour conclure d'un fait connu la vérité ou la fausseté
d'un fait douteux.

Le fait connu, c'est une affirmation humaine ; elle
ne varie que de forme, elle est écrite ou verbale. Ces
deux manières d'être ont déterminé la grande division
de la preuve qui se fait par écrit ou par témoins.

A ces deux principaux modes de preuve, nous devons ajouter plusieurs autres moyens fort importants d'arriver à la connaissance de la vérité. Ce sont l'aveu, le serment, les présomptions et d'autres preuves qui se rapportent à l'expérience personnelle des juges.

Nous nous proposons d'étudier ces différents modes en droit romain, et la preuve testimoniale seule en droit civil français.

DROIT ROMAIN

DE LA PREUVE

PROLÉGOMÈNES

La preuve avait acquis un certain développement dans les législations qui précédèrent celle de Rome.

Mais ce n'est pas dans la loi mosaïque qu'il faut chercher un système de preuves bien organisé ; la preuve testimoniale y occupe le premier rang, la preuve littérale n'y est même pas mentionnée. Le premier titre dont parle l'Ancien Testament est une reconnaissance écrite confiée en dépôt à Tobie ; le second, l'acte de mariage que rédigea Raguel en lui donnant sa fille (*Tobie*, ch. VII). On trouve encore un acte dressé par Jérémie pour constater l'achat qu'il avait fait d'un champ : « *Et scripsi in libro et signavi et adhibui testes et appendi argentum in statera.* » Dans la législation de Moïse apparaît pour la première fois cet axiome qu'il n'y a pas de témoignage lorsqu'il n'y en a qu'un seul.

En Égypte, une loi de Bocchoris, postérieure probablement à la loi mosaïque, voulait que le prêteur exigeât une reconnaissance par écrit de la somme prêtée, à peine de voir le débiteur déchargé sur son serment.

Plus lettrés, les Grecs recoururent souvent à la constatation par écrit de leurs actes conventionnels et judiciaires. L'esprit général de quelques lois grecques qui nous sont parvenues (presque toutes de l'Attique) est un esprit de méfiance qui, chez des peuples commerçants, mettait les entraves à la spéculation et tendait à restreindre la liberté des transactions en donnant au crédit plus de solidité. La preuve littérale ne pouvait manquer de prendre place au milieu de ces précautions si contraires aux principes économiques. Elle fut moins fréquente à Sparte qu'à Athènes, à Corinthe, dans les îles de la mer Égée, dans les colonies de l'Asie Mineure, de l'Italie méridionale, de la Sicile et de Marseille. Là elle jouit d'une telle faveur, que les contrats les plus fréquents chez ces peuples de navigateurs, tels que le nolissement, la remise en dépôt des marchandises au capitaine, devaient être constatés par écrit, au moins quand la valeur était considérable. Mais les écrits étaient, en général, corroborés par la présence de témoins. S'agissait-il de faire un testament ou de le modifier, il ne suffisait pas qu'un *astynome* le reçût : la présence de témoins à la présentation de l'acte était indispensable.

Cependant l'esprit soupçonneux des Athéniens n'imagina pas, sauf dans les ventes et les testaments où l'*astynome* jouait le rôle de notaire, d'imprimer aux actes les plus importants de leur vie juridique un caractère irrécusable d'authenticité en les faisant recevoir par un officier public. Les Athéniens y suppléaient d'une manière bien imparfaite par le dépôt aux mains d'un tiers, soit de leurs testaments, soit de leurs titres de créance. On voit, dans le testament d'Épicure, qu'une donation faite par ce philosophe avait été inscrite sur les registres du temple consacré à la mère des Dieux. Il paraîtrait qu'à Rhodes les obligations civiles n'acquéraient toute leur force que par une sorte d'enregistrement.

Quel était, dans la législation grecque, l'emploi de la preuve littérale? En matière criminelle, l'accusateur devait s'adresser au *thesmothète*, qui l'interrogeait brièvement sur l'objet de l'accusation et le coupable désigné, sur les preuves à fournir, accordait l'autorisation de poursuivre et indiquait le tribunal compétent. En matière civile, l'action était également introduite devant le *thesmothète :* ce magistrat jouait à Athènes le même rôle que le préteur vis-à-vis du *judex* à Rome. Dans les deux ordres de juridiction, le *thesmothète*, pour chaque cas particulier, mais toujours dans les limites de la loi, décidait si c'était la preuve littérale ou la preuve testimoniale qui devait être admise par le juge, ou s'il convenait de les recevoir concurremment.

L'État avait ses archives pour la conservation des lois, et les tribunaux leurs greffes pour la conservation des décisions judiciaires.

Chez les peuplades de la Grèce les moins civilisées, il y eut quelque chose qui ressemblait à des registres de l'état civil, des listes nominales dont le but était d'assurer une équitable répartition de l'impôt et une bonne police. Un des principaux objets de ces contrôles était vraisemblablement d'assurer l'ordre des successions.

Voilà ce qui nous est parvenu de la législation grecque en matière de preuve.

Il s'est produit dans la législation romaine ce qui s'est passé chez tous les peuples qui sont arrivés jusqu'à la civilisation.

Très rudimentaire d'abord et confié à la seule mémoire des citoyens, le droit va se compliquant peu à peu ; il s'agrandit, les lois se gravent sur l'airain, les jurisconsultes les commentent et les éclaircissent ; les besoins nouveaux se multiplient, des règles plus savantes les gouvernent, et les quelques préceptes qui formaient tout seuls les lois d'un peuple primitif, accrus du travail des siècles, deviennent la masse imposante de la législation impériale.

C'est ce travail de transformations successives à travers les diverses phases du droit romain que nous allons essayer de retracer dans cette esquisse rapide des mœurs juridiques des Romains en matière de preuve.

Nous diviserons cette étude en cinq chapitres traitant :

Le premier, de la preuve en général ;

Le deuxième, de la preuve littérale ;

Le troisième, de la preuve testimoniale ;

Le quatrième, de quelques autres modes de preuve particuliers ;

Le cinquième, des présomptions.

CHAPITRE Ier.

DE LA PREUVE EN GÉNÉRAL.

A qui, dans une action en justice, incombe le fardeau de la preuve ? Telle est la première question que nous avons à résoudre. La raison et l'équité répondent par deux principes qui sont de toute législation : « *Ei incumbit probatio, qui dicit ; non qui negat.* » (Dig., *De prob.*, L. 2.) — « *Reus in exceptione actor est.* » (Dig., *De except.*, L. 1.)

En règle générale, c'est à celui qui veut innover, qui veut détruire la position acquise de son adversaire, qu'incombe le fardeau de la preuve. C'est donc au demandeur à prouver ce qu'il avance, puisque c'est lui qui innove, qui trouble le défendeur dans sa position acquise. Cependant il n'a pas à rapporter la preuve spéciale de tous les faits qu'il avance et dont il prétend tirer des conséquences juridiques. Bien des faits se présument, soit en raison pure, soit par suite de la volonté expresse du législateur. Ainsi la personne qui, dans l'action publicienne, invoque une possession à juste titre n'a pas à prouver la bonne foi ; de même, dans une action en revendication, il suffit au demandeur d'établir qu'il est devenu propriétaire pour mettre à la charge du défendeur la preuve de ce fait qu'il a cessé de l'être.

Quelques commentateurs ont soutenu qu'en droit romain, comme dans notre ancien droit, la preuve de la négative était impossible. En sorte que le demandeur ayant à prouver un fait négatif pour légitimer sa prétention aurait pu rejeter le fardeau de la preuve sur le défendeur. Ces auteurs, faisant application de ce prétendu principe au cas où le demandeur propriétaire prétend que son bien est libre de toute servitude et exerce l'action négatoire, ont conclu qu'il n'avait d'autre preuve à faire que celle de sa propriété.

A l'appui de leur thèse, ils invoquent deux textes : une loi de Paul et un rescrit de Dioclétien. La loi de Paul, que nous avons déjà citée, est ainsi conçue : « *Ei » incumbit probatio qui dicit, non qui negat.* » S'appuyant sur ce texte, ils raisonnent ainsi. Le fardeau de la preuve incombe à celui qui affirme un fait, et non à celui qui dit qu'un fait n'existe pas. Or, dans l'action négatoire, quelle est la prétention du demandeur ? C'est de soutenir qu'il n'existe pas de servitude sur son fonds. Par conséquent, d'après la loi de Paul, ce n'est pas à lui à prouver la non-existence de la servitude ; c'est au défendeur à établir que la servitude dont il s'agit existe réellement sur le fonds du demandeur.

Le second texte que ces auteurs invoquent est un rescrit de Dioclétien qui forme la loi 23, au Code, *De probationibus*. Ce rescrit est ainsi conçu : « *Actor, quod » adseverat, probare se non posse profitendo, reum ne- » cessitate monstrandi contrarium non adstringit : cum » per rerum naturam factum negantis probatio nulla » sit.* » D'après cette loi, disent-ils, on ne peut prouver un fait négatif. Or, dans l'action négatoire, le demandeur doit établir qu'il n'existe pas de servitude sur son fonds, c'est-à-dire un fait négatif : ce n'est donc pas à lui qu'incombe le fardeau de la preuve ; c'est au défendeur qui doit démontrer ce fait positif qu'il existe une servitude sur le fonds du demandeur.

Le système qui dispense de prouver une négative est-il bien fondé à invoquer l'autorité des jurisconsultes romains ? Le brocard : « Ei incumbit probatio, qui » dicit ; non qui negat, » ne peut-il pas être traduit ainsi : La preuve incombe à celui qui affirme une proposition, non à celui qui la nie ? Le demandeur affirme un fait, c'est qu'il n'existe pas de servitude sur son fonds. Pourquoi serait-il dispensé de faire la preuve de ce fait ? pourquoi son adversaire serait-il contraint de prouver le contraire ? Ce n'est pas, croyons-nous, la loi de Paul qui lui donne cette prérogative. Sans doute la règle : « Factum negantis pro- » batio nulla est, » est écrite dans le Code, mais avec un tout autre sens que lui donne le système que nous combattons. Pour nous, le rescrit de Dioclétien n'a qu'un but : protéger le défendeur contre le demandeur qui, désespérant de prouver, voudrait en imposer l'obligation à son adversaire.

Du reste, en raison il n'est pas impossible de rapporter la preuve d'un fait négatif. S'il est difficile de prouver qu'il n'existe pas de servitude en général sur le fonds dont on est propriétaire, il est au contraire facile de démontrer que son bien n'est pas grevé de telle servitude. Rien n'était, en effet, plus aisé à Rome que de connaître les prétentions de son adversaire au moyen de l'*interrogatio in jure*, qui avait lieu non pas devant le juge, mais devant le préteur, c'est-à-dire au début de l'instance.

A ces considérations générales nous ajouterons, dans l'espèce, un argument spécial tiré des textes. Théophile fait très bien remarquer dans sa paraphrase que l'action négatoire est en réalité une action confessoire dans laquelle on soutient que le fonds n'est pas grevé de servitude (traduction de M. Frégier, p. 545); or, la charge de la preuve incombe à celui qui affirme. Cela est, du reste, établi d'une façon formelle par un texte d'Africain formant la loi 45, au Digeste, *De op. nov. nunciat.* : « *Si, priusquam œdi-*
» *ficatum esset, ageretur, jus vicino non esse œdes al-*
» *tius tollere, nec res ab eo defenderetur : partes ju-*
» *dicis non alias futuras fuisse ait, quam ut eum,*
» *cum quo ageretur, cavere juberet, non prius se œdifi-*
» *caturum, quam ultro egisset, jus sibi esse altius*
» *tollere. Idemque e contrario, (si) cum quis agere*
» *vellet, jus sibi esse (invito adversario) altius tollere :*
» *eo non defendente, similiter (inquit) officio judicis*
» *continebitur, ut cavere adversarium juberet, nec opus*
» *novum se nunciaturum, nec œdificanti vim facturum.*
» *Eaque ratione hactenus is, qui rem non defenderet,*
» *punietur, ut jure suo probare necesse haberet : id*
» *enim esse, petitoris partes sustinere.* » Voici le fait que suppose ce jurisconsulte : une personne sachant que son voisin veut bâtir, lui envoie une *vocatio in ius* pour établir qu'il n'a pas le droit *altius tollendi*. Le défendeur ne comparaît pas. La question qui se pose est celle de savoir quelle sera la sanction de cette non-comparution. Il répond que si le défendeur

veut bâtir plus tard, il ne pourra le faire qu'après avoir établi qu'il a le droit *altius tollendi*. Le jurisconsulte continue en renversant son hypothèse. Une personne veut établir qu'elle a le droit *altius tollendi ;* elle intente l'action confessoire, mais son adversaire ne se présente pas pour y défendre. Quelle sera la sanction de ce défaut de comparution ? Africain répond que le défendeur défaillant ne pourra empêcher son adversaire de construire qu'en démontrant qu'il n'a pas le droit *altius tollendi*, c'est-à-dire qu'en exerçant lui-même l'action négatoire.

Il résulte de ce texte que le défendeur qui ne veut pas *defendere*, c'est-à-dire fournir la caution *judicatum solvi*, est puni, en ce qu'il devra prouver son droit ; il faut donc en conclure que s'il avait voulu *defendere,* il n'aurait rien eu à prouver et que tout le fardeau de la preuve eût incombé au demandeur.

Nos adversaires répondent en donnant à ce texte une explication divinatoire. Le demandeur a quelque chose à prouver, cela est incontestable ; mais qu'a-t-il à prouver ? Africain ne le dit pas. Cela ne peut pas être l'inexistence de la servitude ; car, la propriété étant libre en principe, la servitude est une exception dont la preuve est à la charge de celui qui exerce ce droit ou demande à l'exercer. Le demandeur, dans l'action négatoire, n'a donc à prouver que sa qualité de propriétaire.

On a proposé un autre système qui distingue entre le cas où la prétention est contraire et celui où elle est conforme à l'état de fait actuellement existant. Le demandeur a-t-il la *possessio juris*, il n'a rien à prouver. Est-ce, au contraire, l'adversaire qui, en fait,

exerce la servitude, le demandeur est tenu de prouver
qu'en droit cette servitude n'existe pas. Ulpien fait
cette distinction dans la loi 8, § 3, Dig., *Si serv. vindic.* :
« *Si quæritur,* dit-il, *quis possessoris, quis petitoris
» partes sustineat, sciendum est, possessoris partes sus-
» tinere, si quidem tigna immissa sint, eum, qui servi-
» tutem sibi deberi ait : si vero non sunt immissa, eum,
» qui negat.* » Il s'agit de savoir s'il existe sur un fonds
une servitude *de tignis immittendis.* Qui doit faire la
preuve de cette servitude? Ulpien fait une distinction.
Si les poutres sont déjà enfoncées, c'est au propriétaire du mur à prouver que la servitude n'existe pas ;
si, au contraire, elles n'ont pas été encore enfoncées,
c'est à celui qui veut exercer cette servitude à en
prouver l'existence.

Nous croyons que, logiquement, cette opinion doit
mener trop loin ceux qui l'enseignent. En effet, la
distinction qu'ils font pour l'action négatoire, ils
doivent la faire également pour l'action confessoire,
et le texte d'Ulpien ne parle pas exclusivement de la
première. Voilà donc une personne dispensée de
prouver que le droit de servitude lui appartient, parce
qu'en fait, elle exerce cette servitude. Nous ne croi-
rons jamais que ce soit là l'idée qu'Ulpien a voulu
exprimer. Son idée nous paraît être simplement que
celui des voisins qui est *possessor* peut, provisoirement,
au moyen d'interdits, empêcher tout changement.
L'état de choses actuellement existant, qu'il soit conforme à la prétention de celui qui affirme avoir un
droit de servitude, ou conforme à la prétention du
propriétaire qui soutient que sa chose est libre de
toute servitude, cet état de choses ne sera pas modifié

tant qu'il n'y aura pas eu jugement sur le fond. Tel
est, suivant nous, l'avantage indiqué par Ulpien
comme appartenant au *possessor*.

À la question de la preuve en général se rattache
l'explication de cette phrase des Instituts de Justinien (liv. IV, tit. vi, § 2) : « *Sane uno casu, qui possidet*
» *nihilominus actoris partes obtinet, sicut in latioribus*
» *Digestorum libris opportunius apparebit.* »

Les commentateurs du droit romain se sont efforcés
d'expliquer ce *cas unique* dont parle Justinien.

D'après M. Ducaurroy (t. III, n° 1163), il s'agirait
du propriétaire qui, attaqué par l'action publicienne,
repousse cette action au moyen de l'exception *justi
dominii*, et qui, bien qu'en possession de sa chose, est
alors obligé de prouver son droit de propriété. Sans
doute, cette obligation de preuve existe pour lui ; mais
que ce soit le cas unique dont parle notre texte, c'est
ce qui paraît plus douteux. Le texte vise un cas d'action ; cela ressort d'une façon évidente de la paraphrase de Théophile : « Ἐπὶ ἐν δὲ μόνῳ θέματι ὁ νεμόμενος
δύναται KINEIN τὴν..... » (Traduction de M. Frégier, p. 543.)
Or, l'exemple cité est un cas d'exception dans lequel
nous ne voyons autre chose que l'application de cette
règle générale, que celui qui oppose une exception
doit en prouver le fondement.

M. Demangeat (t. II, p. 509) soutient que Justinien
fait allusion à la *nunciatio novi operis*. D'après cet
auteur, le possesseur qui fait dénonciation de nouvel
œuvre transférerait à son voisin l'avantage du rôle de
défendeur, en ce sens que ce serait à lui *nuncians* à
prouver que son voisin n'a pas le droit de faire l'ou-
vrage entrepris.

M. Ortolan (t. III, n° 2071) pense qu'il s'agit tout
simplement, dans le texte de notre paragraphe, du cas
où le propriétaire, en possession de la chose, exerce
l'action négatoire pour dénier un droit de servitude
par lequel il est troublé ou même dont il est menacé.

Quant à nous, nous croyons que Justinien a voulu
viser l'effet des interdits doubles *quem fundum, quam
hereditatem.* Voici, en effet, dans quel cas s'emploient
ces interdits. Lorsque, dans une action *in rem* ou en
pétition d'hérédité, le défendeur, possesseur du fonds
ou de la succession, refusait de fournir la caution
judicatum solvi, il était censé déserter le procès, et il
était alors obligé de transférer au demandeur la propriété des choses litigieuses. Cet ordre lui était donné
par les interdits *quem fundum* ou *quam hereditatem.* Il
résulte de cette translation de possession que les rôles
des parties se trouvaient intervertis, et que, si le défendeur primitif voulait réclamer et donner suite à la
contestation, il était obligé de jouer le rôle de défendeur et de faire la preuve de son droit de propriété,
puisque la possession avait passé à son adversaire.

Il nous reste à signaler une véritable dérogation
aux principes de la preuve. Il existait un cas à Rome
où celui qui aurait dû prouver une négative était autorisé à rejeter le fardeau de la preuve sur son adversaire. C'était dans l'hypothèse où le défendeur invoquait l'exception *non numeratæ pecuniæ.*

Quand, à Rome, on voulait se servir d'un écrit pour
prouver l'existence d'une obligation, cet écrit était, la
plupart du temps, rédigé et signé avant l'exécution de
l'obligation dont il témoignait, par exemple avant le
versement des espèces dans le cas de prêt. Il arrivait

alors souvent que la partie entre les mains de laquelle l'écrit était remis, le conservait et refusait, quant à elle, d'exécuter l'obligation réciproque, cause et motif de l'obligation mentionnée dans l'écrit, par exemple de donner l'argent à l'emprunteur après avoir reçu la reconnaissance du prêt.

Dans ce cas, le débiteur est protégé contre son créancier prêteur par une exception de dol rédigée *in factum*, qui s'appelait l'exception *non numeratæ pecuniæ*. Cette exception mettait le demandeur dans la nécessité de prouver qu'il avait satisfait à l'obligation, compté les deniers entre les mains de l'emprunteur, faute de quoi il perdait son procès : « *Exceptione opposita, seu* » *doli, seu non numeratæ pecuniæ, compellitur petitor* » *probare pecuniam tibi esse numeratam : quo non im-* » *pleto, absolutio sequetur.* » (Cod., *De non num. pec.*, L. 3.)

Le motif que paraît donner de cette anomalie juridique une constitution des empereurs Dioclétien et Maximien, c'est que, raisonnablement, une négative ne se prouve pas : « *Cum inter eum, qui factum adseve-* » *rans, onus subiit probationis, et negantem numeratio-* » *nem, (cujus naturali ratione probatio nulla est), et ob* » *hoc ad petitorem ejus rei necessitatem transferentem,* » *magna sit differentia.* » (Cod., *De non num. pec.*, L. 10.) Mais l'explication la plus fondée et la plus concluante de cet excès de faveur est le désir et le besoin de réprimer les exactions honteuses que commettaient certains capitalistes. En effet, l'intervention de la promesse verbale, ou la rédaction du *chirographum* pour cause de prêt, ayant lieu le plus souvent avant la numération des espèces, il y avait là, pour des créan-

2

ciers peu délicats, une occasion facile et fréquente
de fraude. En tendant chaque jour à affranchir la
pratique de la forme primitive et symbolique des contrats, les jurisconsultes attribuèrent une importance
de moins en moins grande aux paroles, à l'écriture, et
de plus en plus considérable à la cause de l'obligation,
à la réalité du *mutuum*. En sorte que le magistrat finit
par exiger du créancier la preuve de cette réalité. Ce
fut là un grand pas vers la déchéance de l'obligation
civile contractée par écrit ou par paroles, et il fut vrai
de dire désormais que ce n'étaient plus ni l'écriture,
ni les paroles, mais seulement la numération des
espèces qui obligeait.

CHAPITRE II.

DE LA PREUVE LITTÉRALE.

Dans son état primitif, la législation romaine ne pouvait connaître la preuve écrite. Si la loi des Douze-Tables parle souvent des témoins, en revanche n'y voyons-nous jamais d'allusion aux écrits. Faut-il en conclure que pendant trois cents ans Rome ignora la preuve littérale ? Évidemment non ; mais il est hors de doute que tout d'abord les actes de la vie civile furent confiés à la mémoire de l'homme. Et c'est ainsi que s'explique ce symbolisme légal, cette mnémonique des temps primitifs chez les Romains, comme plus tard chez les peuplades germaniques. *Confarreatio* en présence de dix témoins ; *coemptio*, vente simulée pour le mariage ; adoption et émancipation ; *vindicta* et *in jure cessio*, dans l'affranchissement ; mancipation pour la translation de la propriété ; *nexum* ou solennité *per æs et libram*, pour les obligations du droit civil ; testament verbal ; en un mot, tous les actes de la vie civile se passaient devant des témoins dont la mémoire et la bonne foi en garantissaient la conservation. Sous ce régime d'actes figuratifs, la preuve testimoniale devait régner seule ou presque seule. Le progrès de l'instruction générale du peuple romain eut une influence forcée sur la législation en matière de preuves. Aussi trouvons-nous à l'époque classique, et surtout à l'époque de Justinien, un grand nombre d'écrits dont nous allons décrire les caractères généraux.

SECTION I.

DES ÉCRITS PRIVÉS.

§ 1. — *Des adversaria.*

Aussitôt que les Romains surent écrire, ils tinrent des registres quotidiens, sortes d'agendas sur lesquels ils couchaient les actes dignes d'être conservés, les choses qui les intéressaient, eux ou leurs familles, les variations diverses de leur situation pécuniaire, les marchés qu'ils passaient, leurs ventes et leurs aliénations; en un mot le tableau complet de leur économie domestique : « *Moris autem fuit unumquemque* » *domesticam rationem sibi totius vitæ per dies singulos* » *scribere, ex qua appareret, quid quisque de reditibus* » *suis, quod de arte, fœnore, lucrove se posuisset quoquo* » *die, et quid idem sumtus damnive fecisset.* » (Asconius, *Commentaire sur la seconde Verrine de Cicéron.*)

Ce registre, tenu jour par jour au hasard des opérations qu'il devait relater, était une espèce de livre-journal, comme celui des commerçants actuels, et se nommait *adversaria.* Peu importait qu'il fût tenu sans grande précaution, et qu'il présentât certaines négligences, car il n'avait en justice nulle force probante.

§ 2. — Du codex.

Les *adversaria* devaient être copiés chaque mois sur un second registre, nommé *codex, tabulæ* ou *ratio*. Celui-ci avait un caractère quasi religieux et jouissait d'une autorité considérable. Un citoyen ne pouvait se dispenser de tenir son *codex* sans déshonneur ; il offrait au juge des éléments de preuve dignes du plus sérieux examen.

Cicéron nous montre l'importance des *tabulæ*, quand il s'écrie dans son plaidoyer pour Roscius : « *Quid est* » *quod negligenter scribamus adversaria? quid est, quod* » *diligenter conficiamus tabulas ? qua de causa? quia* » *hæc sunt menstrua, illæ sunt æternæ ; hæc delentur* » *statim, illæ servantur sanctæ ; hæc parvi temporis* » *memoriam, illæ perpetuæ existimationis fidem et reli-* » *gionem amplectuntur; hæc sunt dejecta, illæ in ordi-* » *nem confecta.* » (*Pro Roscio comœdo*, oratio III, § 2.)

Le *codex* était tenu en partie double, et les Romains y avaient introduit déjà le crédit et le débit ; divisé en deux, il contenait d'un côté la mention des dépenses que le père de famille avait faites, c'était le *codex expensi ;* de l'autre s'inscrivaient les recettes, c'était le *codex accepti.* Le premier contenait les créances, le second les dettes.

Le *codex*, apporté en justice, pouvait être invoqué en faveur de son propriétaire ou contre lui. C'est ce que nous indique cette apostrophe de Cicéron à Verrès : « *Plurima signa pulcherrima, plurimas tabulas* » *optimas deportasse te negare non potes : atque utinam* » *neges ! Unum ostende in tabulis aut tuis aut patris*

» *lui emptum esse : vicisti!* » (*In Verrem*, act. II, lib. I,
§ 23.)

Grâce à ce registre, l'ancienne cérémonie de l'*œs
et libra* disparaît. On mentionne sur les *tabulæ* que
l'on tient, l'airain, — l'argent, — pour pesé et reçu,
et cette inscription constitue non pas seulement un
moyen de preuve, mais une solennité, une forme civile d'obligation. C'est ainsi qu'on arrive aux obligations contractées *litteris*. « *Litteris obligatio fit*, dit
» Gaïus, *veluti in nominibus transcripticiis.* » (Com., III,
§ 128.) L'obligation *litteris* se constitue par une simple
transcription sur le *codex*. L'obligation naît de l'écrit,
comme elle naissait autrefois de la solennité des paroles, et il suffit qu'une somme soit portée comme
reçue par moi, sur mon *codex*, pour que je sois reconnu le débiteur.

Mais l'inscription sur mon *codex* qu'une autre personne est ma débitrice suffit-elle pour qu'il soit prouvé
qu'il existe à mon profit, contre elle, une obligation
litteris? Faut-il, au contraire, que les deux *codices*
portent des mentions correspondantes ? Les interprètes ne sont pas d'accord sur la solution de cette
difficulté.

On a soutenu que la mention de l'obligation devait
être faite sur les deux registres. On a invoqué, à
l'appui de cette opinion, un passage de Sénèque
(*De benef.*, liv. III, § 15), où il parle de témoins qui
devaient attester que la mention de la dette avait été
portée sur le *codex* du créancier avec le consentement
du débiteur; d'où l'on a conclu que, si le débiteur
n'avait pas donné son acquiescement public à la
mention de l'obligation, il fallait tout au moins que

son *codex* la portât; qu'autrement l'obligation n'exis-
terait pas.

On a cru, en outre, pouvoir s'appuyer sur un texte
de Gaïus ainsi conçu : « *Item in his contractibus alter*
» *alteri obligatur..... cum alioquin in verborum obli-*
» *gationibus alius stipuletur, alius promittat, et in no-*
» *minibus alius expensum ferendo obligat, alius refe-*
» *rendo obligetur.* » (Gaïus, *Com.*, III, § 137.) Ce texte
de Gaïus n'a pas grande valeur pour le système que
nous combattons. Il se retourne au contraire contre
ceux qui l'invoquent; car Gaïus fait résulter l'obligation d'une simple *expensilatio*, sans exiger une
acceptilatio correspondante. De plus, il y a une lacune
dans le manuscrit, et ce sont les partisans de l'inscription sur les deux registres qui la remplissent par
le mot en italique *referendo*. Il paraît donc difficile
de tirer de là un argument bien décisif.

On a cru trouver un autre appui dans un passage
de Cicéron, *Pro Roscio*, où il dit : « *Quod si ille suas*
» *profert tabulas, proferet suas quoque Roscius : erit in*
» *illius tabulis hoc nomen, at in hujus non erit. Cur*
» *potius illius quam hujus credetur? Scripsisset ille, si*
» *non jussu hujus expensum tulisset? Non scripsisset*
» *hic quod sibi expensum ferri jussisset? Nam, quemad-*
» *modum turpe est scribere quod non debeatur, sic im-*
» *probum est non referre quod debeas : æque enim*
» *tabulæ condemnantur: ejus qui verum non retulit, et*
» *ejus qui falsum perscripsit.* » (*Pro Roscio comœdo* III,
§ 1.) On a voulu voir un contrôle des registres l'un par
l'autre où il n'y a rien de semblable, car il s'agit ici
de savoir seulement auquel des deux *codices* on ajou-
tera foi s'ils ne sont pas d'accord, et Cicéron demande

pourquoi celui de son client ne serait pas aussi digne d'être considéré comme véridique que celui de son adversaire. Si la double mention eût été nécessaire, Cicéron eût autrement conclu ; car, en montrant que l'inscription ne figurait qu' sur un seul registre, il aurait simplement déclaré que le contrat ne s'était pas formé.

Nous pensons donc que l'inscription sur le seul *codex* du créancier prouve suffisamment l'existence de l'obligation. « En réalité, dit M. Ortolan, deux faits » constituaient l'essence de l'obligation *litteris*, » savoir : l'inscription de la somme en la formule » consacrée, comme *expensa lata,* sur le registre du » créancier ; et, en outre, le consentement ou ordre » du débiteur pour cette inscription. Celui qui se pré- » tendait créancier *litteris* avait ces deux faits à » prouver. Le premier, matériellement, par l'apport » de ses *tabulæ* portant l'inscription ; le second, par » tous les moyens possibles d'établir qu'elle avait été » faite du consentement ou sur l'ordre du débiteur. » (Tome III, n° 1421.)

Gaïus, qu'on invoquait tout à l'heure contre nous, vient au contraire appuyer notre opinion, quand il dit (Com. III, § 138) : « *Sed absenti expensum ferri potest.* » Le contrat *litteris* peut se former entre absents ; et puisqu'alors le créancier n'est pas là pour faire faire la mention sur le registre du débiteur, puisqu'il n'a nul moyen de vérifier si elle a été faite, il faut en conclure que l'obligation *litteris* se forme et se prouve sans cette double mention.

Que devait écrire le créancier sur son *codex* pour qu'il se formât une obligation *litteris?* Gaïus nous

l'indique (*Com.*, III, §§ 128-130). Il appelle les obligations nées du contrat *litteris* des *nomina transcripticia*,
et il donne à l'opération d'où naissent ces *nomina*
le nom de *transcriptio*. Cette *transcriptio* s'accomplit
de deux façons : 1° *a re in personam*, et, dans ce premier
cas, il y a deux personnes en jeu, un créancier avec
un débiteur ; celui-ci, qui doit une somme, en qualité
d'acheteur par exemple, ou de locataire, ordonne au
créancier de porter sur son *codex* la somme comme
ayant été prêtée à lui débiteur, *expensum ferre*. L'ancienne obligation du débiteur disparaît, mais il en
naît immédiatement une nouvelle au profit du même
créancier. — 2° *A persona in personam*, quand un
débiteur délègue quelqu'un pour payer à sa place, et
que le délégué ordonne au créancier d'inscrire sur
son livre que c'est lui qui a reçu la somme. L'effet de
l'opération est de libérer le débiteur primitif en obli-
geant le délégué.

Il y a donc, dans le mécanisme des *nomina transcripticia*, une double fiction, qui fait le fond même du
contrat *litteris* : on suppose un *expensum* ou un *accep-
tum ;* le créancier est considéré comme payé, puisqu'à la place de sa créance primitive éteinte, il en reçoit une nouvelle ; ou bien, il est considéré comme
faisant un nouveau prêt soit à son ancien débiteur,
soit à un débiteur nouveau. C'est du moins ce que
nous devons conclure de la comparaison faite par
Gaïus entre les *nomina transcripticia* et les *nomina arcaria ;* celles-ci naissant d'un *mutuum* réel, celles-là
d'un *mutuum* fictif, puisque le *nomen arcarium* tire
son nom de sa nature même et implique que le
créancier a pris quelque chose dans sa caisse (*arca*),

tandis que le *nomen transcripticium* ne suppose rien qu'une opération d'écriture.

Mais le *mutuum* auquel Gaïus compare le *nomen transcripticium* est un *mutuum* réel, formé par une *numeratio pecuniæ*; d'où nous pouvons déduire que la valeur reçue ou donnée par suite du contrat *litteris* est toujours de l'argent monnayé.

Le contrat *litteris* était primitivement un contrat du *jus Quiritium*, et les seuls citoyens romains pouvaient s'en servir. Il ne paraît pas cependant que cette prohibition ait demeuré longtemps rigoureuse, car les jurisconsultes ne sont pas tout à fait d'accord à ce sujet : « *Transcripticiis nominibus an obligentur peregrini » merito quæritur, quia quodammodo juris civilis est » talis obligatio : quod Nervæ placuit. Sabino autem » et Cassio visum est, si a re in personam fiat nomen » transcripticium, etiam peregrinos obligari ; si vero » a persona in personam, non obligari.*» (Gaïus, *Com.* III, § 133.) Ainsi, tandis que les proculiens refusaient complètement aux pérégrins l'usage du contrat *litteris,* les sabiniens leur interdisaient seulement la *transcriptio a persona in personam.*

Sous Justinien, l'usage du contrat *litteris* a disparu, et les Instituts n'en parlent qu'à titre de curiosité historique : « *Olim scriptura fiebat obligatio, quæ no- » minibus fieri dicebatur : quæ nomina hodie non sunt » in usu.* » (Lib. III, tit. xxi.)

Une des causes qui amenèrent l'abandon de l'usage des *nomina transcripticia* fut l'apparition, dans la pratique romaine, des *syngraphæ* et des *chirographa.*

§ 3. — *Des syngraphæ et des chirographa.*

L'origine des *syngraphæ* et des *chirographa* est, comme leur dénomination l'indique, grecque.

Les *syngraphæ* existaient déjà au temps de Plaute, c'est-à-dire 200 ans avant Jésus-Christ. Les deux sortes d'écrits furent en usage chez les pérégrins avant d'être employés chez les Romains.

Les *syngraphæ* étaient revêtus du sceau des diverses parties et remis en exemplaires différents à chacune d'elles.

Le *chirographum* fit son apparition plus tard; on ne le rencontre pas chez les auteurs antérieurs à Asconius. Le *chirographum* émanait de la personne obligée; elle seule y apposait son sceau (*Asconius ad Cicer. in Verrem*, act. II, lib. I, § 36).

Si les *syngraphæ* semblent appartenir à l'antiquité plus que les *chirographa*, en revanche ils disparaissent les premiers. Ils n'ont pas trouvé place dans la législation de Justinien, tandis que le *chirographum* s'y maintient dans les fragments de Scævola et de Modestin, dans les constitutions d'Alexandre Sévère, de Dioclétien et de Maximien. C'est qu'en effet le *chirographum* s'allie mieux avec la législation des temps plus récents; il vient y modifier sa nature, s'y transformer et opérer sa fusion avec ce qui reste dans le droit de Justinien des obligations contractées *litteris*.

Quel était le caractère de ces écrits? Étaient-ils générateurs de contrats, comme l'avaient été avant eux les *transcripticia nomina*? étaient-ils, au contraire, de simples preuves, des *instrumenta*, des *cautiones*?

Une première opinion soutient que le *chirographum* n'était pas une cause civile d'obligation assimilable à la *stipulatio* et à l'*expensilatio*. Le *chirographum* n'est autre chose que la preuve d'une obligation née d'une cause autre que l'écrit. Les partisans de cette thèse s'appuient généralement sur cette considération que le *chirographum* est employé dans les textes comme synonyme de *cautio*, qui désigne une preuve. Comment, en effet, distinguer le *chirographum* qui obligerait d'une *cautio* qui serait une simple preuve? Existe-t-il, comme pour la *stipulatio* ou l'*expensilatio*, des formalités spéciales au *chirographum*? Sans doute, quand l'exception *non numeratæ pecuniæ* ne pourra plus, au bout d'un certain délai, être invoquée, le *chirographum* fera preuve irréfragable de convention et il sera fort difficile de le distinguer du contrat avec lequel il fera corps, pour ainsi dire. Mais n'en est-il pas de même en droit français, dans les cas où la preuve testimoniale n'est pas admise contre un écrit? et dit-on cependant que l'écriture est le fait générateur du contrat, dont elle n'est que la preuve?

Dans une seconde opinion, l'on prétend que le *chirographum* était devenu pour les Romains une cause d'obligation : on se fonde sur un texte de Gaius. Ce jurisconsulte ne s'exprime pas, il est vrai, pour ces sortes d'écrits, comme pour les *nomina transcripticia ;* il ne dit pas *litterarum obligatio fit*, mais *fieri videtur*. Cela vient de ce qu'en effet il ne s'agit point de la véritable obligation *litteris* du pur droit civil, mais seulement d'une sorte d'obligation admise par assimilation pour les relations des pérégrins entre eux et avec les citoyens. C'est après avoir si formellement expliqué

comment les *arcaria nomina* ne forment pas obligation, mais en fournissent seulement témoignage, que
Gaïus parle des *chirographa* et des *syngraphæ* comme
d'un mode d'obligation : « *Præterea litterarum obli-*
» *gatio fieri videtur chirographis et syngraphis, id est,*
» *si quis debere se aut daturum se scribat, ita scilicet,*
» *si eo nomine stipulatio non fiat. Quod genus obli-*
» *gationis proprium peregrinorum est* » (Gaïus, Com.,
III, § 134.) De plus, cette restriction que le jurisconsulte apporte : « *ita scilicet, si eo nomine stipulatio*
» *non fiat* : pourvu qu'il n'y ait pas eu stipulation »,
est bien significative ; les *syngraphæ* et les *chirographa*
ne sont donc pas de simples actes probatoires, autrement ils serviraient à prouver la stipulation aussi
bien que tout autre contrat. Mais ils sont par eux-
mêmes des modes de contracter ; ainsi, bien qu'aucune
stipulation ne soit intervenue et que, par conséquent,
il n'y ait pas d'obligation verbale, on est lié par cette
écriture. Il est avéré que l'exception *non numeratæ*
pecuniæ a été introduite par le préteur pour remédier
à la stipulation dont la formule, seule prononcée entre
les parties, était une cause civile d'obligation, alors
qu'en réalité le contrat était sans cause. Or, si l'exception *non numeratæ pecuniæ* est, d'après les textes,
invoquée également dans le cas de *chirographum*,
c'est que ce dernier est un contrat *litteris*.

Quant à l'objection qui consiste à demander comment on distinguera le *chirographum* de la simple
cautio, on répond que l'embarras existe dans chaque
opinion. C'est, dans le premier système, en effet, une
difficulté de savoir quand le défendeur pourra s'a-
briter derrière l'exception *non numeratæ pecuniæ*.

Pour le second, la difficulté consiste à savoir dans quel cas il y a obligation née du *chirographum*, dans quel cas, au contraire, l'écrit est une *cautio*.

Nous croyons que, toutes les fois que l'obligation constatée par écrit est une obligation de somme d'argent ou de choses fongibles présentée comme née d'une avance, d'un prêt ou d'un écrit, le *chirographum* est une cause civile d'obligation (Cod., *De non num. pec.*, L. 5).

L'intérêt de la controverse est considérablement restreint, à cause des règles particulières de l'exception *non numeratæ pecuniæ*, dont nous avons déjà parlé. En effet, la preuve est toujours à la charge du demandeur : qu'importe qu'il soit créancier en vertu d'un *mutuum* ou en vertu d'un *chirographum* ? Ne faut-il pas qu'il prouve, dans le premier cas, la numération des espèces ; dans le second, la réalité du *chirographum* ? Supposons cependant que le souscripteur de l'écrit soit un *filiusfamilias*. Au bout de cinq ou deux ans, il ne pouvait plus, s'il était débiteur, en vertu d'un contrat *litteris*, refuser d'exécuter une obligation. S'il était, au contraire, débiteur en vertu d'un *mutuum*, même après l'expiration de ces délais, il pouvait invoquer le sénatus-consulte Macédonien. Supposons encore qu'un individu se soit reconnu débiteur d'un capital productif d'intérêts fixés à un certain taux par la convention. Si l'obligation dérive du *mutuum* et si le *chirographum* n'est qu'un mode de preuve, les *usuræ* ayant fait l'objet d'un simple pacte ne peuvent être exigées par la *condictio*. Admettez, au contraire, que le *chirographum* soit une cause d'obligation : l'écriture engendrant une obligation civile, le préteur aura la *con-*

dictio pour assurer le service des intérêts. (Cod., *De non num. pec.*, L. 2. — Dig., *De usuris*, L. 41, § 2.)

Dans le pur droit romain, dès que les paroles voulues avaient été prononcées ou que les mentions solennelles avaient été inscrites sur le registre, le débiteur était lié *verbis* ou *litteris*, le créancier avait la *condictio*, qu'il y eût eu ou non une cause préexistante d'obligation. La jurisprudence et le droit prétorien vinrent au secours du débiteur en lui accordant d'abord l'exception *doli mali* ou une exception rédigée *in factum*. Ce qui n'empêchait pas que, l'écriture formant une présomption en faveur du créancier, c'était au débiteur à démontrer que le contrat était sans cause. Mais le préteur alla plus loin et tomba dans un excès inverse, en accordant au débiteur l'exception *non numeratæ pecuniæ*. Dans le cas spécial du *mutuum* de prêt d'argent, ce ne fut pas au débiteur niant la numération des espèces qu'incomba la charge de prouver que son obligation n'avait pas de cause ; ce fut au créancier à prouver, sur la simple dénégation du débiteur, que la numération des espèces avait eu lieu.

Il n'était cependant pas complètement mis à la merci du débiteur : l'exception *non numeratæ pecunia* devait être invoquée dans un délai qu'une constitution de Marc-Aurèle, insérée dans le Code Hermogénien, fixe à cinq ans. Dans cet intervalle de temps, le débiteur était tenu, soit d'opposer l'exception, s'il était actionné par le créancier, soit d'intenter contre celui-ci la *condictio obligationis*, la *querela non numeratæ pecuniæ*. Le délai passé sans contestation, le créancier n'avait plus à faire une preuve que le laps de temps écoulé aurait rendue de plus en plus difficile : le silence du débiteur était considéré comme un aveu de la réalité de sa dette ; la promesse verbale, le *chirographum* reprenaient ou acquéraient toute leur force obligatoire, sans qu'il fût permis de rechercher si la numération des espèces avait ou non eu lieu.

Justinien apporta un tempérament au droit antérieur. Il décida que le délai quinquennal de l'exception serait réduit à deux ans ; mais le débiteur put dès lors invoquer indéfiniment l'exception *non numeratæ pecuniæ,* si, dans cet espace de temps, il avait protesté, soit par un écrit signifié au créancier, soit, en cas d'absence de ce dernier, par un libelle de protestation adressé au magistrat. Si, dans les deux ans, aucune protestation n'avait été faite, le créancier possédait un titre irréfragable, et la délation du serment n'était même pas permise au débiteur.

Il est facile de voir maintenant comment l'exception *non numeratæ pecuniæ,* avec ses règles toutes dérogatoires, est venue changer la nature du contrat *litteris,* et comment, dès lors, le *chirographum* et la *cautio* ont tendu à se confondre dans la législation de Justinien. Faut-il en conclure que, sous cet empereur, le contrat *litteris* disparut? On a plus d'une fois soutenu que Justinien avait imaginé son obligation *litteris* en l'honneur de l'ancienne division des contrats. Justinien n'a rien imaginé ; ce qu'il présente comme contrat *litteris* était bien véritablement l'obligation littérale telle qu'elle lui était parvenue à travers ses diverses transformations, telle qu'elle existait à son époque dans la pratique. En rapprochant les termes employés par l'empereur de ceux qui se trouvent dans

les Institutes de Gaïus (Com., III, § 134), on reconnaît
que ce sont bien les *chirographa*, tels que les comprenait ce jurisconsulte, qui ont passé dans les Institutes
de Justinien altérés par la succession des temps et les
réformes dont nous venons de parler.

§ 4. — *Des apochæ et antapochæ.*

L'*apocha* est un écrit par lequel le créancier témoigne
qu'il a reçu (ἀπέχειν), le paiement de son débiteur,
écrit qui fera pour celui-ci preuve de sa libération.
C'est la quittance actuelle.

L'*antapocha* (ἀντί, ἀπέχειν) est littéralement une
contre-quittance, ou une quittance de la quittance. Le
débiteur constate, par l'*antapocha*, qu'il a payé sa dette
et qu'il lui a été délivré un reçu. Cette constatation
peut être rédigée dans un billet dressé par le débiteur,
où il fait cette double déclaration : qu'il a payé, et
touché un reçu. D'autres fois, c'est le créancier libéré
qui, au moment où il touche les deniers, rédige deux
quittances : la première, reçu ordinaire, témoigne
que le paiement est effectué, et porte la signature du
créancier ; la seconde est destinée à constater la récep-
tion de la quittance par le débiteur, auquel le créancier la fera signer ; puis il la conservera : « ...... *Si*
» *voluerit is qui apocham conscripsit, vel exemplar cum*
» *subscriptione ejus qui apocham suscepit, ab eo accipere,*
» *(vel antapocham suscipere)..... »* (Cod., *De fide instr.*,
L. 19.)

Nous apprenons par le texte de quelle utilité pratique était l'*antapocha* et quelles applications elle
pouvait recevoir. Nous voyons, par exemple, qu'un

propriétaire peut se trouver en face d'un fermier qui,
à un moment donné, tente de changer son titre, veut
se faire passer pour propriétaire, et refuse de reconnaître le *dominus* véritable. Celui-ci se trouve alors
obligé de faire la preuve de son droit de propriété ;
autrement, le fermier, déjà en possession, triomphera.
Mais il peut être parfois fort embarrassé de faire
cette preuve, et de démontrer que son adversaire ne
détenait l'immeuble en litige qu'à titre de fermier.
S'il craint donc quelque entreprise suspecte de la part
de celui-ci, il prendra soin, lors du paiement de
chaque fermage, de se faire délivrer par son fermier
une *antapocha* par laquelle il sera prouvé que la possession de l'immeuble était fondée sur la location, car la
quittance et la contre-quittance contiennent les noms
des parties et leurs qualités réciproques.

Un créancier a prêté une somme d'argent à intérêt
et son débiteur lui oppose la prescription : il pourra
succomber dans l'instance, car c'est le débiteur qui a
conservé les quittances au moyen desquelles se prou-
veraient le prêt et ses modalités, et il se gardera bien
de les montrer lors de la contestation. Le moyen pour
le prêteur de se garder contre la mauvaise foi de son
débiteur est de demander une *antapocha*, chaque fois
qu'il viendra lui payer des intérêts.

§ 5. — *Des livres de Banque.*

Nous avons indiqué plus haut de quelle importance
était la tenue des *tabulæ* pour un Romain, et nous
avons vu qu'il s'attachait une sorte de déconsidéra-
tion à leur oubli, ainsi qu'à la négligence de leur

rédaction. Mais, du moins, le dommage matériel que cette incurie pouvait causer n'était jamais considérable chez les citoyens ordinaires ; on peut dire , par conséquent , qu'ils étaient libres de tenir ou non un *codex;* tandis qu'il y avait toute une classe de gens à laquelle la nécessité même de leur profession imposait la rédaction des *tabulæ :* c'étaient les changeurs, *nummularii,* et les banquiers, *argentarii.* La tenue de leurs livres devait être plus soignée que celle des particuliers ordinaires ; il fallait que la rédaction des registres fût journalière, et qu'elle portât une date à côté de chaque opération. Bien plus, les banquiers étaient tenus d'inscrire, outre leurs propres opérations, celles qu'ils faisaient au nom de leurs clients, ou quand ceux-ci. désirant se ménager une preuve écrite , avaient recours aux tablettes de leur banquier pour y faire insérer un mouvement de fonds. Les juges ordonnaient souvent la production de ces livres de compte où les banquiers n'étaient pas personnellement intéressés. Cela est d'autant plus étonnant que fort souvent les banquiers étaient des esclaves ou des affranchis.

Les banquiers et changeurs étaient obligés à la tenue d'un livre spécial , les *tabulæ auctionariæ ,* tablettes de l'encan , sur lesquelles ils devaient rapporter les ventes par autorité de justice auxquelles ils procédaient en faisant fonction de commissaires-priseurs. On ne peut cependant affirmer avec certitude que ces *tabulæ auctionariæ* fussent distinctes des autres livres. Un passage de Gaius paraît établir que les banquiers seuls devaient les posséder, car ils auraient figuré aux ventes publiques, à l'exclusion des changeurs :

« ..... *Item, si argentarius pretium rei quæ in auctione*
» *venierit, persequatur.* » (*Com.*, IV, § 126.) C'est, du
moins, l'interprétation que certains auteurs tirent du
silence de Gaïus sur les *argentarii*.

§ 6. — *Des cautiones.*

Signalons comme éléments de preuve littérale une
foule de pièces rédigées pour constater un acte et qui
prirent successivement ou simultanément les noms
de : *instrumenta. chartæ, chartulæ, libelli, scripturæ.*
Leur rôle est indiqué par Gaïus : « *Fient enim de his*
» *scripturæ, ut, quod actum est, per eas facilius probari*
» *possit.* » (Dig., *De fide instr.*, L. 4.)

Ces sortes d'écritures étaient une sûreté, une *cautio*,
que les parties intéressées prenaient afin de pouvoir,
à un moment donné, rapporter la preuve des faits :
de là le nom générique de *cautio*, qui finit par prévaloir et les désigner toutes. Le mot *cautio* s'était tout
d'abord plus spécialement appliqué à la promesse
écrite de payer une somme d'argent déterminée,
certa pecunia, dans la plupart des cas où elle était la
manifestation extérieure d'un *mutuum* déjà fait ou à
faire. Plus tard, la *cautio* paraît se confondre avec le
chirographum dans Ulpien et les constitutions d'A-
lexandre Sévère, Harcadius, Honorius, de même dans
Marcellus, Paul et dans les constitutions de Marc-
Aurèle et de Justinien. Mais, indépendamment de
ce sens restrictif qui fait de la caution une promesse
écrite de payer une somme d'argent déterminée, nous
la voyons s'appliquer comme écriture probatoire à
divers contrats :

Au dépôt (Dig., *Dep.*, L. 24, L. 26 §§ 1 et 2);

A la stipulation (Dig., *De verb. obl.*, L. 121 pr.,
L. 134 § 2);

A la fidéjussion (Cod., *De fidej.*, L. 27) ;

A la quittance (Dig., *De solut.*, L. 5 § 3; *De prob.*,
L. 15);

A la pollicitation (Dig., *Quod met. caus.*, L. 9 § 3).

§ 7. — *Forme des écrits privés.*

L'écrit devait être signé de la partie à laquelle on
l'opposait ou écrit en entier de sa main. Au lieu du
mot *subscribere*, signer, nous trouvons souvent dans
les textes le mot *signare*, cacheter. Les *syngraphæ*, dit
Asconius , doivent être *signatæ utriusque manu.* On
s'est demandé si c'est une dispense de signature ou de
cachet qu'avait en vue la loi 34 § 1, Dig., *De pignoribus*,
dans laquelle il s'agit du fait suivant. Quelqu'un qui
veut emprunter cinq cents deniers envoie une lettre
dans laquelle il offre à son prêteur un gage en sûreté; la lettre n'est ni datée ni signée, et l'on a demandé au jurisconsulte Scœvola si le gage avait été
constitué, ou bien si la lettre devait être considérée
comme non avenue, puisqu'elle n'était ni datée ni
signée. « *Respondit, cum convenisse de pignoribus vi-*
» *detur, non idcirco obligationem pignorum cessare,*
» *quod dies et consules additi vel tabulæ signatæ, non*
» *sint.* » On ne peut pas confondre ces deux choses
puisque la *subscriptio* et le *signaculum* sont exigés
quelquefois simultanément. Ne pourrait-on pas dire
que le cachet avait suffi quand l'écriture était peu répandue, mais qu'à l'époque où elle devint plus commune on exigea la signature? C'est ainsi que, dans la

confection du testament,le cachet fut exigé par le droit
prétorien et la signature par les constitutions impé-
riales. Le sceau dut être primitivement employé dans
une foule d'actes pour tenir lieu de signature, et l'on
s'expliquerait de cette manière pourquoi l'anneau
destiné à cet usage, *annulus signatorius,*fut si commun
à Rome dès les temps même les plus anciens. (Tite-
Live, liv. XXIII, ch. xii.)

Suffisait-il qu'un écrit fût signé, pour qu'il pût constater l'existence d'une dette ? Non ; quand l'intérêt
était considérable, une autre précaution était nécessaire. S'il s'agissait d'un prêt excédant cinquante
livres d'or, les juges devaient repousser tout *chirographum,* toute quittance non revêtue de la *subscriptio*
de trois témoins (Cod., *Si cert. pet.*, L. 17).

Justinien ordonna les mêmes formalités en matière
de *mutuum* et en matière de dépôt, quelle qu'en fût la
valeur ; ces contrats devaient, dans les villes, être faits
devant trois témoins appelés non pas pour certifier la
réalité de la convention dont il était passé acte,
mais uniquement pour déclarer qu'ils connaissent
l'auteur ou les auteurs de l'écrit et qu'ils ont assisté
à l'apposition des signatures (*Nov.*, LXXIII, ch. I
et II).

A la campagne, on continua à suivre les anciens
errements, parce que, dit l'empereur, « *neque scri-
» bentium aut testium multorum copia est.* »

En matière de stipulation rédigée par écrit, le défendeur qui voulait renverser la présomption d'obligation résultant de l'acte, offrait souvent de prouver
qu'il n'était pas en présence de son adversaire au moment où celui-ci faisait remonter la formation du

contrat, et cette preuve était toujours recevable dans
l'ancien droit. Mais Justinien, voulant enlever un
aliment à l'esprit de chicane, la proscrivit, du moins
dans l'hypothèse la plus ordinaire, celle d'un acte
portant indication du jour et du lieu du contrat. Le
défendeur, en pareil cas, dut établir non seulement
que son adversaire et lui ne s'étaient pas rencontrés
au jour indiqué, mais que l'un des deux l'avait passé
tout entier hors du territoire désigné, et cette preuve
elle-même ne put se faire que par écrit ou à l'aide de
témoins placés au-dessus de tout soupçon. (Cod., *De
contr. et com. stipul.*, L. 14.)

§ 8. — *Effet des écrits privés.*

Il nous reste à préciser l'effet des actes privés, et la
sphère d'action dans laquelle ils produisent leurs résultats.

Les écrits dressés par quelqu'un en son particulier,
s'ils sont présentés seuls, ne font pas foi, et ne suf-
fisent pas à établir des droits qu'ils mentionneraient
au profit de leur auteur : « *Instrumenta domestica, seu
» privata testatio, seu adnotatio, si non aliis quoque ad-
» miniculis adjuventur, ad probationem sola non suffi-
» cient.*» (Cod., *De prob.*, L. 5.) Et tout de suite la loi 6,
au même titre, fait l'application des dispositions de la
loi 5 : « *Rationes defuncti, quæ in bonis ejus inveniun-
» tur, ad probationem sibi debitæ quantitatis sola suf-
» ficere non posse, sæpe rescriptum est. Ejusdem juris
» est, et si in ultimâ voluntate defunctus certam pecu-
» niæ quantitatem, aut etiam res certas sibi deberi
» significaverit.* » Un père de famille a noté sur ses

tablettes qu'on lui devait de l'argent : s'il meurt, ses héritiers ne peuvent tirer nul parti de ces *rationes* où la créance est relatée; il faudrait quelqu'un des *adminicula* auxquels la loi 5 fait allusion, bien que le décès du père de famille soit de nature à faire supposer son entière bonne foi.

On pouvait redouter, si les tablettes eussent eu le privilège de faire foi, qu'un trop grand nombre de citoyens ne se fussent laissés aller à la négligence d'inscrire facilement parmi leurs *rationes* des créances inexistantes. Aussi la précaution, fort juste assurément, est-elle radicale, et s'applique-t-elle même au fisc, si souvent au-dessus des lois.

Il faut donc des *adminicula* aux livres privés pour leur donner la force probante que seuls ils ne sauraient avoir; mais la loi romaine ne prend nulle part le soin de dire quels sont ces *adminicula*. C'est donc à la prudence des juges de déterminer quelles circonstances, de celles qui entourent un acte privé, peuvent être regardées comme *adminicula* suffisants pour lui faire accorder la foi qu'il n'aurait pas s'il était isolé.

L'intervention des témoins doit être considérée comme un *adminiculum* capable de donner force probante à l'acte. Le serment du créancier confirmant ses tablettes leur fournissait encore un *adminiculum* suffisant.

Cependant une exception paraît résulter de la loi 2, au Code, *De testibus*, qui dit : «*Si tibi controversia in-» genuitatis fiat, defende causam tuam instrumentis et » argumentis, quibus potes.* » On pouvait donc, quand il s'agit de l'ingénuité, apporter au débat des écrits personnels, tels qu'on les a, et sans qu'ils soient corroborés par les *adminicula*. Mais il y a toujours comme garantie l'appréciation du juge, qui ne laisserait pas un homme de mauvaise foi se constituer à lui-même une fausse preuve de son ingénuité.

Si l'on a pu se procurer un écrit rédigé par son adversaire et signé de lui, ou tout au moins écrit sous son inspiration, et signé, on peut l'invoquer à l'appui de son droit, et ce sera une excellente preuve. C'est un principe admis à peu près dans toutes les législations.

Mais il nous faut noter en passant que si l'on invoque un écrit privé contre un adversaire, il faut que cet écrit émane de l'adversaire et soit produit en original. La copie, ou la mention qui pourrait en être faite dans un même acte, ne suffirait pas à donner au demandeur la preuve qu'il prétend avoir.

Il peut arriver que le défendeur nie qu'il soit l'auteur du billet, qu'il soit écrit par son ordre, ou qu'il l'ait signé. Dans cette conjoncture, le demandeur peut prendre plusieurs partis : par exemple, invoquer le dire des témoins qui ont assisté à l'acte, s'il y en a, ou demander la vérification de l'écriture.

Mais il pourrait aussi nier purement et simplement sa participation à l'acte, ou sa signature. Cette dénégation ne sera pas facilement admise.

Il faut, pour qu'elle produise effet, que l'écrit mentionne à la fois sa date et le lieu où s'est effectuée sa rédaction. Cela étant, pour que le débiteur triomphe, il doit établir que, le jour où l'écrit a été rédigé, il était dans un autre endroit, ou bien qu'il a été, quoique présent, empêché de prendre aucune part dans la confection de l'acte.

Ce point a préoccupé les jurisconsultes, qui ont réglé la manière dont la preuve de l'alibi devrait s'administrer. Il faut que le défendeur établisse par témoins ou par lettres son alibi, qu'il produise les déclarations de personnes qui affirment l'avoir vu dans un autre lieu le jour de l'acte prétendu, ou qu'il apporte des écrits, dignes de foi et non contestés, qui portent la mention de la même date que l'acte en litige, avec la signature du défendeur, mais l'indication d'un lieu différent. Il faut de plus, si c'est par le moyen d'un écrit rédigé ailleurs que le défendeur vient établir son alibi, qu'il apporte un acte public ou *quasi publice confectum*. En effet, il produirait un écrit émané de lui-même, ce ne pourrait être qu'un *instrumentum domesticum*, et nous savons qu'on ne pourrait rien en conclure ; et si c'était l'écrit d'un autre particulier, nous nous trouverions devant l'explication du principe : « *Unius testimonio non est credendum.* »

Jusque-là, nul doute ne s'élève et nulle contestation ne se produit ; mais le désaccord des jurisconsultes s'est manifesté sur le point de savoir combien il faudrait de témoins pour prouver l'alibi. Quelques-uns veulent autant de témoins que le demandeur en amène pour certifier la validité de l'acte, c'est-à-dire au moins trois ; d'autres veulent un témoin en plus, ils comptent l'acte comme un témoin, et le meilleur de tous, et exigent alors que le défendeur, pour en produire un plus grand nombre que le demandeur, s'en procure au moins cinq.

Enfin, certains jurisconsultes prétendent que si trois témoins étaient produits en faveur de l'écrit et trois en faveur de l'alibi du défendeur, on se trouvait

dans l'impossibilité de donner, selon le droit, raison
à l'un ou à l'autre, et qu'il fallait recourir à la règle :
« *Favorabiliores rei potius, quam actores habentur. In*
» *pari causa possessor potior haberi debet.* » (Dig., *De*
reg. juris, L. 125 et 128.)

Il peut arriver pourtant qu'un écrit particulier régulièrement fait, rédigé ou signé par une partie et non
nié, permette encore à celui dont il émane de se soustraire à l'accomplissement de l'obligation. C'est lorsque
le défendeur invoque l'exception *non numeratæ pecu-*
niæ, dont nous avons déjà parlé.

Il est encore des cas où les écrits dont la rédaction
est régulière peuvent cependant être attaqués. Cela arrive quand la reconnaissance écrite n'a pas été volontaire chez le débiteur, quand, par exemple, l'écrit a été
arraché par violence, surpris par dol, consenti pour
l'acquittement d'une obligation qui n'existe pas, ou
pour constater une autre obligation que celle que le
débiteur entendait consentir, comme, par exemple, si
l'une des parties ayant en vue une vente, l'autre croit
qu'il s'agit d'une location.

Mais, dans la voie de protection où s'était engagée
la loi romaine, il y avait un péril qu'il fallait éviter :
c'était d'atteindre les intérêts du créancier en voulant
sauvegarder ceux du débiteur, de favoriser le débiteur de mauvaise foi au détriment de créanciers parfaitement en règle, d'enlever enfin la légitime confiance dans la preuve fournie par les écrits particuliers.

On trouva divers moyens de garantie qui laissèrent
aux mains du débiteur des armes suffisantes contre
les entreprises malhonnêtes du créancier, tout en em-

pêchant que celui-ci fût à sa merci. Nous connaissons
un de ces moyens : c'est la brièveté de l'exception
non numeratæ pecuniæ, qui de quinquennale fut rendue
biennale par Justinien. Quand ce délai est passé et
que le débiteur est poursuivi en paiement, l'écrit qu'il
a souscrit fait pleine foi contre lui, sans qu'il puisse
même faire la preuve qu'il n'a, en définitive, rien touché. Il ne restera même pas au débiteur la ressource
de déférer le serment au créancier : « *Illo videlicet*
» *(semper) observando : ut, in quibus non permittitur*
» *exceptionem non numeratæ pecuniæ opponere, vel ab*
» *initio, vel post taxatum tempus elapsum : in his nec*
» *jusjurandum offerre liceat.* » (Cod., *De non num.*
pec., L. 14 § 3.)

§ 9. — *Vérification d'écriture d'un écrit privé.*

Lorsque l'une des parties refusait de reconnaître
comme sienne l'écriture qui lui était opposée, c'était à
celle qui s'en prévalait de faire la preuve et de montrer
que sa partie était bien réellement auteur de l'écrit,
malgré ses dénégations. Pour arriver à cette démons-
tration, il y avait deux voies : faire entendre les témoins qui avaient assisté à l'acte, comparer les écritures, et arriver ainsi à leur vérification.

Il serait intéressant de savoir en quoi consistait la
vérification d'écritures, dans quels cas elle devait nécessairement être faite, quels étaient précisément ses
formes et ses procédés. Malheureusement les textes
sur cette matière présentent de regrettables lacunes.

Le fond de l'opération était évidemment à Rome ce
qu'il est encore de nos jours ; on se procurait une

pièce de la main de la personne qui déniait l'écrit en litige ; des experts la comparaient à cet écrit, et de leur travail résultait une conclusion sur la fausseté ou la sincérité de l'acte

Mais le moyen était précaire, et ne donnait pas, tant s'en faut, tous les bons résultats qu'on en attendait. Justinien s'en émut et exigea avec raison que diverses conditions fussent exactement remplies avant qu'on procédât à la vérification ; les unes concernaient la pièce qui servira de modèle, les autres l'écrit lui-même, d'autres encore les garanties que doit donner le demandeur à la comparaison.

Justinien fit savoir d'abord que toute pièce n'était pas bonne pour servir à la comparaison, et il ordonna qu'on ne pût mettre en regard de l'écrit contesté que des *instrumenta publica* ou *publice confecta*. Si l'on ne pouvait se procurer des pièces de cette importance, le demandeur n'était pas désarmé : il pouvait, à la rigueur, produire un écrit privé, mais il fallait qu'il portât la signature des trois témoins réglementaires, et que deux au moins de ces témoins à qui l'on présentait la pièce reconnussent leur seing, ainsi que celui de l'auteur de l'écrit : « *Comparationes littera-*
» *rum ex chirographis fieri, et aliis instrumentis quæ*
» *non sunt publice confecta, satis abundeque occasionem*
» *criminis falsitatis dare, et in judiciis, et in con-*
» *tractibus manifestum est. Ideoque sancimus, non licere*
» *comparationes litterarum ex chirographis fieri, nisi*
» *trium testium habuerint subscriptiones, ut prius lit-*
» *teris eorum fides imponatur, vel (ex) ipsis hoc depo-*
» *nentibus, sive cunctis, sive omnimodo duobus ex his*
» *sine comparatione litterarum testium procedente : et*

» *tunc ex hujusmodi chartula jam probata comparatio*
» *fiat , aliter etenim fieri comparationem nullo concedi-*
» *mus modo, licet in semetipsum aliquis chartam con-*
» *scriptam proferat : sed tantummodo ex forensibus, vel*
» *publicis instrumentis, vel hujusmodi chirographis quæ*
» *enumeravimus, comparationem trutinandum.* » (Cod.,
De fide instr., L. 20.)

La condition de n'employer que les écrits signés de
trois témoins était formelle. Quelques auteurs ont
néanmoins pensé que celui contre lequel l'écrit était
invoqué pouvait renoncer à cette condition, et admettre un acte qui lui serait opposé sous la signature
de deux témoins seulement, comme moyen de vérification. C'est une opinion qu'il faut écarter, car la loi
avait pour ainsi dire considéré la signature des trois
témoins comme une condition d'ordre public.

Justinien cependant admit deux exceptions à cette
règle, toutes deux renfermées dans le chapitre II de
la Novelle XLIX. D'abord, il permet qu'un écrit non
signé de trois témoins serve de pièce de comparaison,
lorsque c'est l'adversaire du demandeur en comparaison qui le produit, comme cela arriverait, par
exemple, dans l'espèce suivante : Titius me réclame
dix sous d'or en paiement d'objets qu'il m'a vendus
et livrés, en même temps qu'il produit l'acte de vente
qui porte sa signature et la mienne; de mon côté, je
l'actionne en paiement d'une même somme de dix
sous d'or que, par exemple, je lui ai prêtée en *mutuum.*
Je produis aussi le billet de sa main où il se reconnaît
mon débiteur, et c'est sa signature apposée sur ce
billet qu'il conteste; quoique l'acte de vente qu'il produit contre moi ne porte pas la signature des trois

témoins , je puis néanmoins, en reconnaissant sa sincérité , me servir de cette pièce pour la vérification de
l'écriture de Titius dans le billet du *mutuum*. Le motif
en est que cette production par le défendeur d'un
titre sur lequel il fonde sa prétention, présente les éléments favorables d'un acte sérieux et contient un aveu
dont l'adversaire a le droit de profiter s'il le juge utile
à ses intérêts.

L'autre exception concerne les actes que l'on retire
des archives pour les faire servir de termes de comparaison. Il est admis qu'ils n'ont pas besoin, pour
remplir ce rôle, d'être signés de trois témoins ; leur
caractère d'authenticité qui résulte de leur insinuation
dans un lieu public est complet , et l'on n'a que faire
de la garantie superflue de signatures particulières.

Justinien établit encore que certaines pièces ne
pourraient être vérifiées en cas de contestations d'écriture : ce sont celles qui devraient régulièrement être
signées de trois témoins et qui ne le sont pas. La nécessité des trois témoins assistant à la rédaction de l'acte
et y apposant leur seing est d'ordre public, on ne doit
pas éluder cette prescription ; tant pis pour ceux qui
ne se sont pas conformés aux exigences de la loi : il n'est
pas juste qu'ils arrivent, par un procédé ou par un
autre, à tourner la difficulté et à se constituer un titre
en dehors de cette condition fondamentale, l'assistance
de trois témoins : « *Fidem causa ex utroque percipiat,*
» *etiam litterarum examinatione penitus non repulsa,*
» *sed sola non sufficiente, augmento autem testium con-*
» *firmanda.* » (Nov. LXXIII, cap. II.)

Il est juste que celui qui a cru devoir éluder la loi
en souffre, et que, n'ayant pas fait venir les trois

témoins, et se fiant complètement à la foi de son adversaire, il supporte les suites de son imprudente confiance.

Mais on n'arrive pas *de plano* à la vérification des écritures, et le juge ne la permet pas aussitôt qu'elle est demandée. Il faut que celui qui prétend contester l'écriture et qui apporte une pièce de comparaison, jure avec serment qu'il ne vient en justice, « *neque lucri* » *causa, neque inimicitiis neque gratia tenti ;* » qu'il se présente « *quia non aliam idoneam habens fidem, ad* » *collationem instrumentorum venit ; nec quicquam circa* » *eam egit aut machinatus est quod possit forte veritatem* » *abscondere.* » (Nov. LXXIII, ch. vii, § 3.) Il jure qu'il est de bonne foi entière, et qu'il se voit réduit à demander la vérification des écritures, faute d'autre moyen pour faire triompher son droit.

Peut-être même que l'expert chargé de faire la comparaison des écritures devait prêter aussi un serment. « *Omnes (autem) comparationes non aliter fieri conce-* » *dimus, nisi juramento antea præstito ab his qui com-* » *parationem faciunt, fuerit affirmatum, etc.* » Il se pourrait que *qui comparationem faciunt* fût pris à la lettre et s'appliquât aux experts.

Au reste, malgré tous ces serments, le résultat de la comparaison d'écritures n'inspirait qu'une médiocre confiance. Aussi le législateur, plein de défiance, permet d'aller parfois contre le rapport des experts et laisse au juge une faculté d'appréciation qui est, en somme, la sauvegarde des parties : « *Verumtamen sit* » *hoc judicantis prudentiæ simul atque religionis, ut* » *veracibus potius pro talibus credat.* » (Nov. LXXIII, ch. iii.)

§ 10. — *Des arrhes.*

Les Romains nommaient arrhes une certaine somme, quelquefois même tout autre objet, par exemple un anneau, que l'une des parties donnait à l'autre comme signe et preuve de la conclusion du contrat : « *Emp-* » *tio et venditio contrahitur,* dit Gaius, *cum de pretio* » *convenerit, quamvis nondum pretium numeratum sit,* » *ac ne arrha quidem data fuerit ; nam quod arrhæ no-* » *mine datur, argumentum est emptionis et venditionis* » *contractæ* » (*Com.,* III, § 139.) Les arrhes n'étaient donc pas un élément essentiel du contrat. Quand elles consistaient en argent, c'était une avance sur le prix. Tel était le principe du droit antéjustinien à ce sujet.

Sous Justinien, les arrhes changent complètement de caractère. Elles deviennent un moyen de dédit. L'acheteur, en perdant ses arrhes, ou le vendeur, en les restituant au double, peuvent se départir de la vente.

Une controverse s'est élevée sur la question de savoir si, dans sa décision relative aux arrhes, Justinien a voulu régler du même coup les ventes faites soit sans écrit, soit par écrit, ou s'il n'a voulu parler que des ventes faites par écrit. Certains auteurs soutiennent que ce serait seulement avant la perfection du contrat, et lorsqu'il est encore à l'état de projet, que chaque partie pourrait se dédire en perdant les arrhes. Ce système s'harmonise même avec la constitution de Justinien d'où a été tiré le texte des Institutes, et dont toutes les expressions se réfèrent à une vente imparfaite. Mais on ne lui trouve aucune application pra-

4

tique : car s'il a été donné des arrhes, cela suffit à prouver la perfection du contrat, et si le contrat est encore imparfait, c'est que, par hypothèse, il n'a pas été donné d'arrhes.

D'autres commentateurs prétendent que Justinien n'a pas fait d'innovation en matière de vente sans écrit, que les arrhes aient ou non été constatées par écrit. Ils effacent sans scrupule les mots *sive in scriptis, sive sine scriptis*, qui, disent-ils, sont en contradiction avec ce qui est affirmé dans le texte quelques lignes plus haut, c'est-à-dire que Justinien n'a aucunement innové dans les ventes faites sans écrit. Ils ajoutent que la constitution de Justinien (Cod., *De fide instrum.*, L. 17), dont le texte des Institutes n'est que le résumé, vise uniquement l'hypothèse d'une vente qu'on se propose de rédiger par écrit. Ce système est manifestement contraire au texte des Institutes qui s'applique d'une façon générale aux ventes faites : « *sive in scrip-* » *tis, sive sine scriptis* » (liv. III, tit. xxii, pr.).

Nous pensons que Justinien n'a fait aucune distinction entre les ventes par écrit et les ventes sans écrit. Les arrhes ont changé complètement de caractère. Au lieu d'être un signe de conclusion définitive du contrat, elles n'offrent plus qu'un moyen de dédit. Les expressions des Institutes sont trop précises pour qu'on puisse raisonnablement révoquer en doute leur généralité. Cette phrase de notre texte : « *Nihil a nobis* » *in hujusmodi venditionibus innovatum est*, doit s'entendre comme se référant uniquement à ce qui concerne l'effet du consentement et nullement au caractère des arrhes.

SECTION II.

DES ÉCRITS PUBLICS.

§ 1. — *Des scripturæ forenses.* — *Tabelliones, notarii.*

Nous trouvons l'origine du tabellion dans la coutume qu'avaient, à Rome, les chefs des grandes familles
de choisir un esclave, appelé *tabularius*, pour être leur
secrétaire, rédiger les *adversaria* et même, plus tard, le
colex. Le *paterfamilias* se déchargea peu à peu sur cet
esclave du soin de tenir les registres, qui occupaient,
dans la vie juridique des Romains, une si grande place ;
et les *tabularii*, se transformant avec le temps, prirent
dans l'État, sous un nom qui indiquait bien leur origine, l'importance qu'ils avaient déjà dans les familles.
Établis au forum, les *tabelliones* rédigeaient, sur la
demande des parties, des écrits constatant leurs conventions. Ces écrits prirent le nom de *scripturæ forenses*,
du lieu de leur rédaction ; mais, même dans le dernier état du droit, alors que l'écriture acquit une si
grande importance, ils n'eurent pas l'autorité qui s'attache de nos jours aux actes notariés.

Chaque tabellion avait une *statio*, étude. Quand il
recevait un acte, il dressait d'abord une minute, qu'il
mettait ensuite au net. Les tabellions devaient assister
en personne aux actes qu'ils rédigeaient, et ils devaient
délivrer leurs expéditions, *chartæ puræ*, sur des par-
chemins revêtus de protocoles, c'est-à-dire de formules inscrites dans les bureaux du *comes largitionum*.

Il y avait probablement quelque mesure fiscale analogue au timbre de nos jours.

La Novelle XLIV, chap. II, se préoccupant de cet emploi du papier timbré, s'exprime en ces termes : « *Illud quoque præsenti adjicimus legi, ut tabelliones* » *non in alia charta pura scribant documenta, nisi in* » *illa quæ in initio (quod vocatur protocollum) per tem-* » *pora gloriosissimi comitis sacrarum nostrarum lar-* » *gitionum habeat appellationem, et tempus quo charta* » *facta est, et quæcumque in talibus scribuntur.* »

Ce texte paraît impératif, et il semblerait qu'on ne pût se dispenser, quand on employait un tabellion, de le faire écrire sur la *charta pura* avec *protocolium ;* mais Justinien pensa plus tard, et avec raison, qu'il ne fallait pas entraver les transactions par des formalités parfois difficiles à remplir en province, par exemple, quand on ne pouvait aisément se procurer le papier timbré. Aussi décida-t-il l'obligation de la *charta pura* à Constantinople seulement, où, dit-il, l'abondance de papier timbré égale la multitude des contractants : « *Ubi plurima quidem contrahentium* » *multitudo, multo quoque chartarum abundantia est.* »

Quand on voulait rédiger un acte *forense*, il fallait d'abord se préoccuper d'avoir des témoins ; on les amenait chez le tabellion, et tout ce qui concernait la rédaction de l'acte devait se faire en leur présence. L'assistance des témoins était absolument obligatoire, et l'acte même portait une trace matérielle de l'accomplissement de cette prescription ; car le tabellion était tenu de mentionner dans son texte que les témoins étaient là, et quels ils étaient. Le tabellion devait rédiger lui-même la *completio*.

Cette *completio* était une formule finale, une sorte de légalisation, destinée à faire foi de la rédaction publique par devant tel tabellion, qui comprenait la signature du tabellion, celles des parties, et la déclaration de celles-ci qu'elles persistaient, quant à l'acte, dans les résolutions en conformité desquelles il avait été rédigé : « *Et si per tabellionem conscribantur etiam,* » *ab ipso completa, et postremo a partibus absoluta* » *sint....* » (Cod., *De fide instr.*, L. 17.)

Il ne faudrait pas conclure de cette loi que le tabellion est obligé d'écrire l'acte de sa main. Le texte entend dire simplement que s'il s'agit d'un acte rédigé par devant le tabellion, il fera la *completio*; que si l'on emploie la forme publique, il faut que le tabellion écrive la *completio*. Le point n'est pas douteux, puisqu'un texte formel, la Novelle LXXIII, chap. VII, § 1, prévoit précisément le cas où le tabellion aura laissé quelqu'un tenir la plume à sa place : « *Si quidem* » *non per se scripserit, sed per alium ministrantem* » *sibi.....* » La *completio* par le tabellion est seule obligatoire ; c'est la suite du texte qui le confirme, en indiquant que si une contestation se produit sur un acte, et que le tabellion soit appelé en justice, c'est à la *completio* qu'on se reporte pour voir s'il a joué le rôle qu'il devait, sans se préoccuper de quelle main est le corps de l'acte : « *Et habeat ex collatione adim-* » *pletionum et ex testibus causa fidem. Si vero nullus* » *horum sit, tunc fiat quidem completionum collatio.* » (§ 2.) Peut-être même que, la *completio* étant de la main du tabellion, il pouvait se dispenser de signer; car il ne résulte pas des textes que l'obligation de signer lui soit strictement imposée, tandis qu'il en est

tout différemment de la *completio*. Il est vraisemblable
cependant que le tabellion ne manquait pas de signer
les actes auxquels il avait prêté son ministère.

Là se bornait la part matérielle que les tabellions
prenaient aux actes passés devant eux. Mais ils devaient, de plus, ajouter à leur solennité par une présence *active* depuis le commencement jusqu'à la fin.
Ils assistaient les parties et ne pouvaient mettre sur
un acte la *completio* obligatoire qu'en en prenant, par
le détail, une exacte connaissance; c'était leur rôle
moral : « *Nos autem credimus oportere universis auxi-*
» *liari, et communem in omnibus facere legem : qua-*
» *tenus præpositis operi tabellionum, ipsis per se omni-*
» *bus modis injungatur documentum, ut dum dimittitur*
» *intersit : et non aliter imponatur chartæ completio,*
» *nisi hæc gerantur : ut habeant unde sciant negotium,*
» *et interrogati a judicibus, possint quæ subsecuta sint*
» *cognoscere, et respondere, maxime quando litteras*
» *sunt ignorantes qui hæc injurgunt : quibus facilis est*
» *et inconvincibilis denegatio horum, quæ pro veritate*
» *secuta sunt.* » (Nov. XLIV, ch. i, pr.) Si le tabellion commettait la faute de mettre la *completio* à
un acte dont il n'aurait pas pris connaissance, qui
aurait, par exemple, été rédigé par un autre, qu'il se
serait substitué, il y avait contre lui une peine d'une
haute gravité : il perdait sa charge, qui passait à celui
dont il avait employé le zèle, pourvu qu'il fût digne
et capable de la tenir.

A Constantinople cependant, à cause de l'énorme
quantité des actes, les tabellions n'auraient pu personnellement assister à tous; il leur était permis
d'avoir un maître clerc qui les suppléât : « *Ut tamen*

» *non vehementer eis dura lex esse videatur..., damus*
» *eis licentiam singulis unum ad hoc constituere (gestis*
» *apud clarissimum magistrum census felicissimæ ci-*
» *vitatis solemniter celebratis) et licentiam ei dare, ut*
» *delegentur ei ab iis qui veniunt ad ejus stationem et*
» *documenta.....* » (Nov. XLIV, ch. 1, § 4.)

Les parties n'étaient pas maîtresses absolues de la
rédaction de l'acte; des termes consacrés, des formules
réglementaires leur étaient imposés, comme nous
voyons aujourd'hui l'autorité de la nation d'abord invoquée, pour l'exécution des actes notariés, qui sont en
quelque sorte placés sous sa sauvegarde.

L'emploi de ces formules est minutieusement réglé
par un texte spécial, la novelle XLVII, qui est intitulée :
« *Ut præponatur nomen imperatoris documentis, et ut*
» *latinis litteris apertius tempora inscribantur.* » La préface expose combien il serait absurde de ne pas rappeler, dans les actes publics et privés, toutes les gloires
de l'illustre empire : « *Erit ergo absurdum in docu-*
» *mentis et iis quæ in judiciis aguntur, et absolute in*
» *omnibus, in quibus memoria quædam fit temporum,*
» *non imperium his præponi.* » Cela devait, paraît-il,
être pour les actes un lustre recherché, « *commemora-*
» *tione ornatur imperii.* » Et, pour que nulle mémoire
n'oublie les titres de l'empire non plus que ses bien-
faits, la Novelle en recommence l'énumération depuis
Énée, « *Trojanus rex, reipublicæ princeps ;* » d'où les
empereurs actuels tirent le nom d'*Æneadæ :* « *Nos*
» *quidem Æneadæ ab illo vocamur;* » depuis Romulus
et Numa jusqu'à César, « *Maximus,* » et Augustus,
« *Pius.* »

Après ce préambule, le chapitre premier conclut :

« *Unde sancimus eos quicunque gestis ministrant, sive*
» *in judiciis, sive ubicunque conficiuntur acta, et tabel-*
» *liones qui omnino qualibet forma do umenta con-*
» *scribunt in hac magna civitate, sive in aliis gentibus*
» *omnibus quibus nos præsidere dedit Deus, hoc modo*
» *incipere in documentis : Imperii illius sacratissimi*
» *Aug. Imperatoris anno toto : et post illa inferre con-*
» *sulis appellationem, qui in illo anno est : et tertio*
» *loco indictionem, mensem, et diem.* » Suivent les
exemples textuels, de manière que personne ne puisse
se tromper.

Il ne paraît pas, d'ailleurs, que la signature des parties ait été exigée au bas des *acta forensia*, comme au
bas des actes privés ; il semble, au contraire, que la
présence du tabellion et la rédaction de la *completio*
par sa propre main aient paru des garanties suffisantes, sans qu'on ait besoin d'y ajouter quelque
chose par le seing des parties. Il est très naturel,
d'ailleurs, que l'on n'ait pas fait aux parties une obligation de leur signature pour les actes *forensia*, puisque
les personnes qui recouraient au ministère des tabellions étaient principalement celles qui ne savaient pas
écrire. La signature des parties était permise, fréquente, mais non indispensable.

Paul nous apprend qu'un sénatus-consulte avait
exigé que les tablettes contenant des actes publics fussent réunies par un triple fil qui les traversât au bas
de la page et au milieu de la marge : au bout de ce fil
devait pendre un sceau de cire, afin que les tablettes
extérieures attestassent la foi due aux autres, à peine
de nullité : « *Amplissimus ordo decrevit, eas tabulas*
» *quæ publici vel privati contractus scripturam conti-*

» nent, adhibitis testibus ita signari, ut in summa mar-
» ginis ad mediam partem perforatæ triplici lino con-
» stringantur, atque impositæ supra linum ceræ signa
» imprimantur, ut exteriores scripturæ fidem interiori
» servent. Aliter tabulæ prolatæ nihil momenti habent. »
Paul. Sent., liv. V, tit. xxv, § 6.)

L'acte rédigé par un tabellion fait foi de son contenu jusqu'à preuve contraire. Cette preuve contraire
est entière, elle admet tous les moyens. C'est dire, par
exemple, que l'exception *non numeratæ pecuniæ* est
opposable même au créancier armé d'une reconnaissance de dette, passée devant le tabellion par son
prétendu débiteur.

Un exemple caractéristique nous est fourni par la
loi 18, Cod., *De probationibus : « Unde adito judice com-*
» *petenti, probare te oportet contra voluntatem tuam*
» *hunc fundum instrumento adversarium tuum sibi*
» *adscribi laborasse : ut secundum tenorem rescripti*
» *nostri possis consequi sententiam.* » Il s'agit d'un
acte dans lequel l'une des parties, de mauvaise foi,
a fait insérer que l'autre lui faisait une donation d'un
fonds, alors que rien de semblable n'avait été convenu ; le prétendu donateur peut réclamer devant le
juge compétent, malgré l'écrit. La foi due aux actes
forenses n'était donc pas absolue, et l'on ne peut, à
cet égard, les comparer à nos actes notariés.

On pourrait dire que les actes *forenses* ne sont pas
autre chose qu'une preuve testimoniale différente de
la preuve testimoniale habituelle, car ils ne tirent leur
force que de la déclaration des témoins par-devant
lesquels ils sont passés. Ils sont, à proprement parler,
l'enregistrement des dires des témoins, et perdraient

toute leur efficacité, si quelque irrégularité se produisait dans l'assistance des témoins. C'est ainsi que tout acte durant la rédaction duquel le nombre réglementaire absolu de trois témoins, tous trois honorables et capables, ne se trouverait pas complet, deviendrait suspect par cela seul, et serait facilement contestable.

Si les *scripturæ forenses* étaient dépourvues du bénéfice de l'authenticité comme les actes privés, elles présentaient toutefois, sur ces derniers, certains avantages qu'il convient de signaler. Tout d'abord, l'écrit privé, s'il n'est pas écrit par celui qui s'engage, doit au moins être signé par lui ; les *scripturæ forenses*, au contraire, ont toute leur autorité sans la signature des parties contractantes. L'écrit privé ne fait pas foi, s'il est nié par celui auquel on l'oppose ; tandis que les *scripturæ forenses*, fussent-elles niées, font foi, tant qu'on n'a pas démontré leur fausseté. La loi 11, au Code, *Qui pot. in pign.*, nous révèle une troisième différence. Le créancier, en vertu de *scripturæ forenses*, aura la préférence sur un créancier simple possesseur d'un écrit privé, quand il s'agira d'effectuer le partage du gage ou du bien hypothéqué, lors même que celui-ci aurait une date antérieure.

Enfin, l'application du sénatus-consulte Velléien est plus ou moins rigoureuse selon qu'on est en présence d'un acte privé ou de *scripturæ forenses ;* citons d'abord le texte : « *Antiquæ jurisdictionis retia, et difficillimos* » *nodos resolventes, supervacuas distinctiones exulare* » *cupientes, sancimus, mulierem, si intercesserit, sive* » *ab initio, sive postea aliquid accipiens, ut sese inter-* » *ponat : omnimodo teneri, et non posse senatuscon-* » *sulti Velleiani uti auxilio : sive sine scriptis, sive*

» *per scripturam sese interposuerit. Sed si quidem in*
» *ipso instrumento intercessionis dixerit sese aliquid*
» *accepisse, et sic ad intercessionem venisse, et hoc*
» *instrumentum publice confectum inveniatur, et a*
» *tribus testibus consignatum : omnimodo esse creden-*
» *dum, eam pecunias, vel res accepisse, et non esse ei*
» *ad senatusconsulti Velleiani auxilium regressum.*
» *Sin autem sine scriptis intercesserit, vel instrumento*
» *non sic confecto, tunc, si possit stipulator ostendere*
» *eam accepisse pecunias, vel res, et sic subiisse obliga-*
» *tionem; repelli eam a S. C. jucamine. Sin vero hoc*
» *minime fuerit ab eo approbatum : tunc mulieri super-*
» *esse auxilium. et antiquam actionem eum servari.*
» *pro quo mulier intercessit, vel ei actionem parari.* »
(Cod., *Ad senat. c. Vell.*, L. 23.) Ainsi, on le voit,
d'après la nouvelle jurisprudence, si la femme a reçu
le prix de son intercession, elle ne pourra plus recourir au sénatus-consulte Velléien. Mais le texte pose ici
une distinction : L'acte lui-même d'intercession men-
tionne-t-il qu'elle a reçu quelque chose, et cet acte
est-il *publice confectum, a tribus testibus consignatum,*
la femme s'est fermé tout retour au bénéfice du sénatus-consulte Velléien. La femme a-t-elle, au contraire,
intercédé sans écrit, ou bien l'écrit qui constate son
intercession ne réunit-il pas les conditions précitées,
elle reste alors protégée par le sénatus-consulte Velléien, quoiqu'elle ait reçu quelque chose pour l'enga-
ger à intercéder, car, dans ce cas, c'est au stipulant
à prouver qu'elle a véritablement reçu.

Quand l'une des parties voulait attaquer l'écrit
comme étant faux, elle pouvait poursuivre, à son choix,
au civil ou au criminel ; la loi 16, au Code, *Ad legem*

Corneliam de falsis, l'indique en prenant pour exemple le testament : « *De fide testamenti querenti duplex via* » *litigandi tribua est... Reus ab eo, qui civiliter egit,* » *solemniter accusari possit.* » Ce même texte ne se bornait pas à punir le faussaire, mais elle sévissait contre ses complices, et contre celui-là même qui possédait une pièce fausse, même en renonçant à l'employer : « *Si falsos codicillos ab his contra quos sup-* » *plicas, factos esse contendis; non ideo accusationem* » *evadere possunt, quod se illis negent uti : nam illis* » *prodest instrumenti usu abstinere. qui non ipsi falsi* » *machinatores esse dicuntur, et quos periculo solus usus* » *abstinxerit.* » (L. 8.)

A part ces réserves, les actes recevaient tous leurs effets.

Il fallait cependant, pour cela, que les parties eussent persévéré dans la confiance qu'elles accordaient à l'acte, car, si quelqu'un avait une fois élevé quelque suspicion contre un titre et négligé de s'en servir, à cause de sa fausseté, il n'était plus admis à l'invoquer à l'avenir. Mais il fallait que sa renonciation fût manifeste, et qu'elle eût lieu devant le magistrat : « *Si adversarius tuus apud acta praesidis pro-* » *vinciae, cum fides instrumenti quod proferebat, in* » *dubium revocaretur, non usurum se contestatus est,* » *vereri non debes ne ea scriptura, quam non esse ve-* » *ram etiam professione ejus constitit, negotium denuo* » *repetatur.* » (Cod., *De fide instr.*, L. 3.)

La loi 21, au même titre, prend diverses précautions afin que la bonne foi des parties ne tourne pas contre elles. quand elles invoquent des actes dont la fausseté n'a point été démontrée. Elle veille aussi à ce que la

religion du juge ne soit pas surprise par l'apparence
de vérité qui s'attacherait encore à un acte cependant
suspecté dans une instance précédente; enfin, elle
dispose que la reconnaissance d'un acte pour vrai,
dans une contestation, n'aura pas pour effet de le
faire obligatoirement et toujours passer pour tel; il se
peut, en effet, que de nouvelles preuves de sa fausseté
soient découvertes, et il faut, dans ce cas, qu'on ait
la faculté de les invoquer contre lui : « *Ne diutius du-*
» *bitetur, utrum necessitatem ei qui protulit, imponi*
» *oporteat repetita vice hoc proferre, an sufficiat fides*
» *jam approbata : sancimus, si quid tale eveniat, eum*
» *qui petit iterum eam chartam proferri, prius sacra-*
» *mentum præstare.* » On pourrait donc encore attaquer un titre qui a déjà victorieusement résisté à une
attaque de faux, pourvu que la nouvelle contestation
fût appuyée déjà sur la garantie du serment. L'objet
de ce serment était de prouver que celui qui le prêtait
était sincère dans son attaque, et qu'il ne la produisait
pas simplement par amour de la chicane.

§ 2. — Des actes authentiques.

A Rome, les actes recevaient l'authenticité de leur
dépôt dans les archives publiques.

Les archives sont une institution aussi vieille que
les sociétés.

Aussitôt que l'organisation des peuples a commencé,
le besoin s'est fait sentir de conserver les traditions
du pouvoir, les lois, les témoignages des événements
mémorables; et des endroits spéciaux, le plus sou-

vent les sanctuaires des religions naissantes, ont été
affectés au dépôt des signes et des écrits destinés à en
perpétuer le souvenir.

Justinien uniformisa l'usage des archives en ordon-
nant qu'on en établît dans toutes les villes où il n'y
en avait pas : « *Præcepta vero faciat tua eminentia per*
» *vnamquemque provinciam, ut in civitatibus habitatio*
» *quædam publica distribuatur, in qua conveniens est*
» *defensores monumenta recondere, eligendo quemdam*
» *in provincia qui horum habeat custodiam : quatenus*
» *incorrupta maneant hæc, et velociter inveniuntur*
» *a requirentibus : et sic apud eos archivum, et quod*
» *hactenus prætermissum est in civitatibus emendetur.* »
(Nov. XV, ch. v, § 2.) Ce texte nous montre en
même temps l'économie des dépôts publics.

Il y avait des fonctionnaires chargés de recevoir
le dépôt des actes dans les archives; ils les classaient,
les tenaient en ordre, tiraient, en un mot, de l'institution toute l'utilité qu'elle pouvait produire. Ces employés avaient leur service dans les temples mêmes
où les archives s'amassaient, et l'on peut croire que
souvent, attachés aussi à quelqu'un des services du
culte, ils cumulaient une fonction sacerdotale avec le
titre d'archivistes. On ne connaît pas en détail l'organisation intérieure de ces archives, on sait seulement qu'elles se divisaient en quatre *bureaux*, à la tête
desquels étaient des *juris studiosi*, *advocati*, *tabelliones* et *pragmatici*.

Sous l'empire, l'institution reçut un grand développement, car un texte d'Ulpien qui y fait allusion parle
des archives comme d'une chose ordinaire et usuelle :
« *Solent et sic, Ne eo loci sedeant, quo in publico instru-*

» menta deponuntur, archio forte, vel grammatophy-
» lacio. » (Dig., De pœnis, L. 9 § 6.)

Le palais de l'empereur avait des archives spéciales nommées *sacra scrinia*, divisées aussi en quatre
bureaux ou greffes : les mémoriaux, les épîtres, les
libelles ou requêtes, et les dispositions ou diplômes.

Pour donner l'authenticité à un acte, il suffisait de
le déposer dans les archives. Peu importait d'ailleurs
quel fût l'acte, et qu'il eût été rédigé par les particuliers eux-mêmes, ou qu'il présentât déjà le commencement d'authenticité que lui donnait le ministère du
tabellion.

Le dépôt aux archives n'avait pas pour résultat de
valider un acte vicieux, mais tout acte valablement fait
en recevait le sceau de l'authenticité. Les textes à l'appui sont nombreux et formels: « Quod ex publicis ar-
» chivis profertur, et publicum habet testimonium. »
(Nov. XLIX, ch. ii, §2.) — « Gesta, quæ sunt translata in
» monumenta publica, habere volumus perpetuam firmi-
» tatem. » (Cod., De re jud., L. 6.) — « Donationes pu-
» blicæ obtineant inconcussam ac perpetuam firmitatem.»
(Cod., De donat., L. 30.) L'acte déposé aux archives de-
venait un *instrumentum publicum ;* il avait la même
force que s'il eût été rédigé par un fonctionnaire public, et bénéficiait de cette fiction, qu'il avait été dressé
devant la majesté du peuple romain.

On ne prenait qu'une garantie pour la sincérité et
la validité de l'acte : les parties devaient l'apporter
elles-mêmes au dépôt des archives, et déclarer, devant
le fonctionnaire gardien du dépôt, que la convention
contenue dans les tablettes qu'on lui remettait était
bien l'expression de leur volonté, qu'elles y persis-

taient, et demandaient, en conséquence, l'enregistrement du dépôt. Il n'était donc pas besoin d'amener les témoins qui avaient assisté à l'acte, ni même le tabellion qui l'aurait dressé ; un texte, prenant l'exemple des donations, nous le dit : « *In donationibus, quæ actis* » *insinuantur, non esse necessarium judicamus vicinos,* » *vel alios testes adhibere. Nam superfluum est privatum* » *testimonium, cum publica monumenta sufficiant.* » (Cod., *De donat.*, L. 31.)

Le dépôt aux archives se nommait *insinuation*, à cause du procédé matériel du classement des titres.

On voit tout de suite, disons-le en passant, la différence qui sépare l'insinuation romaine de l'ancienne insinuation française et de la transcription actuelle. L'insinuation romaine pouvait s'étendre à tous les actes, bien qu'elle n'eût été exigée que pour les donations ; elle devait être faite par les parties en personne, et c'était l'original de l'acte qui était déposé. Chez nous, au contraire, tant pour l'insinuation de l'ancien droit que pour la transcription de nos jours, le dépôt de l'acte peut être fait par toute personne qui veut bien se charger de ce soin ; ce n'est jamais que le dépôt d'une copie qui est effectué, on n'insinue et l'on ne transcrit que des actes spécialement déterminés ; enfin, on pouvait insinuer, et l'on peut transcrire de simples extraits.

Un avantage direct de l'insinuation, c'était de soustraire les actes qui en étaient l'objet aux accidents nombreux qui pouvaient les atteindre dans les maisons des particuliers, ainsi qu'à certaines fraudes venant de ceux qui les auraient longtemps détenus. C'est même le désir d'éviter ces fraudes qui semble avoir

inspiré cette loi de Constantin : « *Data jampridem lege*
» *statuimus, ut donationes interveniente actorum tes-*
» *tificatione conficiantur : quod vel maxime inter ne-*
» *cessarias conjunctasque personas convenit custodiri.*
» *Si quidem clandestinis et domesticis fraudibus facile*
» *quidvis pro negotii opportunitate confingi potest : vel*
» *id quod vere gestum est, aboleri.* » (Cod., *De donat.*,
L. 27.)

Il est probable, bien que l'examen des textes ne
fournisse pas de documents très précis sur ce point,
que le préposé aux archives donnait aux déposants un
reçu, où l'opération était relatée assez en détail même,
pour pouvoir servir de copie de titre, et s'utiliser en
justice.

Les actes ainsi insinués pouvaient être extraits du
dépôt, et produits devant le juge ; là, ils faisaient pleine
foi et étaient pour ainsi dire inattaquables : « *Monu-*
» *menta publica potiora testibus esse, senatus censuit.* »
(Dig., *De prob.*, L. 10.)

CHAPITRE III.

DE LA PREUVE TESTIMONIALE.

La preuve testimoniale fut, dans les premières époques de la législation romaine, la preuve de droit commun. La loi des Douze-Tables s'en occupe à plusieurs reprises : « *Si in jus vocat, ni it, antestator, igi-* » *tur em capito. — Cui testimonium defuerit, is tertiis* » *diebus ob portum obvagulatum ito. — Qui se sierit tes-* » *tarier, libripensve fuerit, ni testimonium farvatur im-* » *probus intestabilisque esto.* »

Grâce à l'intervention du préteur qui contribua à entourer ce genre de preuve d'un véritable prestige, toutes les précautions possibles furent prises pour garantir la sincérité du témoignage.

Il y avait à Rome deux espèces de témoins : les témoins ou certificateurs qu'on faisait intervenir dans les actes, tant publics que privés, et les témoins que l'on produisait dans les procès pour attester aux juges les faits relatifs au litige. C'est de cette dernière espèce de témoins que nous allons nous occuper. Quant aux témoins instrumentaires, ils avaient à Rome une importance bien plus considérable que celle que leur assigne notre législation. Nous en avons parlé en étudiant la preuve littérale.

SECTION I.

DES TÉMOINS.

§ 1. — *Des incapacités.*

Quels étaient les témoins que le droit romain tenait pour *non idonei ?* La loi reconnaissait deux sortes d'incapacités : les incapacités absolues et les incapacités relatives.

Étaient incapables de témoigner d'une façon absolue, c'est-à-dire dans toute instance :

Les *infantes*, les *proximi infantiæ*, et même, en matière criminelle, tous les mineurs de vingt ans, les fous ;

Les esclaves, qui ne peuvent témoigner que dans les cas où ils sont mis à la torture, ou quand ils déposent sur leurs propres faits, qu'on ne doit entendre que faute d'autres moyens de découvrir la vérité, mais qui ne peuvent jamais être entendus contre leur maître, sauf les cas d'adultère, de fraude au fisc ou du crime de lèse-majesté ;

Les personnes notées d'infamie par suite d'un jugement dont elles ne se sont pas fait relever (concussionnaires, auteurs de libelles diffamatoires), ou à cause de leur profession, comme les *arenarii* ;

Enfin, ceux qui sont dans les fers.

Étaient incapables d'une façon relative, c'est-à-dire seulement au vis-à-vis de certaines personnes :

La partie elle-même, ses fidéjusseurs ou garants, ses codébiteurs ;

Les affranchis, à cause du respect qu'ils doivent à leur patron, ne peuvent témoigner contre lui.

Ne pouvait encore être témoin la personne qui avait une inimitié capitale ou un procès criminel avec celui contre qui on faisait l'enquête.

Les témoignages des Juifs et des hérétiques n'étaient pas non plus reçus contre les orthodoxes.

Celui contre qui on produisait des témoins pouvait alléguer les raisons pour lesquelles leur témoignage ne devait pas être admis. Mais si un individu a produit des témoins et que ces mêmes témoins soient produits contre lui dans une autre affaire, il ne lui sera pas permis de les récuser, à moins qu'il ne prouve qu'il est survenu des inimitiés entre eux et lui. Mais il pourra faire rejeter leur témoignage s'il prouve suffisamment qu'ils ont été corrompus par des présents ou par des promesses (Cod., *De test.*, L. 17).

La loi confiait à la prudence et à la religion du juge le soin d'apprécier les témoignages; il ne devait admettre qu'avec précaution les dépositions des personnes qui ne lui paraissaient pas dignes de foi. Le juge devait s'enquérir de l'état, de la condition, de la moralité des relations du témoin, et quelquefois aussi s'assurer de la fermeté de son caractère. Après cette enquête, le législateur lui laissait la faculté de discuter les dépositions des témoins et de les rejeter ou de les admettre.

§ 2. — *Du nombre des témoins.*

Quel est le nombre de témoins nécessaire pour faire une preuve ? *Non numerantur, sed ponderantur,* telle était la règle sous la jurisprudence classique. Le nombre de témoins importait peu dès qu'ils étaient dignes de foi; un seul témoin pouvait l'emporter sur dix et former la conviction du juge, si sa déposition paraissait plus conforme à la vérité.

Cette sage doctrine ne prévalut pas dans la législation des Antonins et surtout dans celle des empereurs chrétiens. Nous trouvons déjà un texte d'Ulpien, au Digeste, ainsi conçu : « *Ubi numerus testium non adjici-* » *tur, etiam duo sufficient : pluralis enim elocutio duo-* » *rum numero contenta est.* » (Dig., *De test.*, L. 12.) Mais aussi quelquefois on en exigeait un plus grand nombre. Ainsi, une constitution de Zénon, qui forme la loi 15, *De testibus*, au Code, décide qu'il faut, dans la preuve à faire d'une filiation, cinq témoins s'il n'y a pas de lettres, et trois seulement pour confirmer le titre existant. Nous voyons encore que Justinien exige cinq témoins d'une réputation intègre pour prouver le paiement d'une dette appuyée d'un titre, et trois seulement si le débiteur a perdu sa quittance dans un incendie ou par quelque autre cas fortuit.

Ce fut Constantin qui le premier déclara de nul effet et de nulle valeur le témoignage d'une seule personne, et donna naissance à la règle : *Testis unus, testis nullus,* que reprit notre ancienne jurisprudence : « *Sanximus, ut unius testimonium nemo judicum in* » *quacumque causa facile patiatur admitti. Et nunc* » *manifeste sancimus ut unius omnino testis responsio* » *non audiatur, etiamsi præclare curiæ honore præ-* » *fulgeat.* » (Cod., *De test.*, L. 9, § 1.)

C'est dans ce même rescrit que l'empereur ordonne que les témoins devront, avant de déposer, prêter

serment ; ils n'en étaient pas tenus auparavant : « *Juris-*
» *jurandi religione testes, prius quam perhibeant testi-*
» *monium, jamdudum arctari præcipimus.* » (Dig., *De*
test., L. 9, pr.)

Toute personne est, en général, obligée de rendre
témoignage. Il en est cependant qui ne doivent pas
être contraintes de déposer, au moins dans les affaires
criminelles, telles sont : le gendre contre son beau-
père, le beau-père contre son gendre, les cousins, les
cousines et leurs enfants les uns contre les autres, les
affranchis, leurs femmes et leurs enfants contre leur
patron, leur patronne et leurs descendants.

SECTION II.

DE LA PROCÉDURE D'ENQUÊTE.

Les témoins devaient déposer devant le juge. C'est
pourquoi l'empereur Adrien déclare dans un rescrit à
Junius Rufinus, proconsul de Macédoine : « *Testibus*
» *se, non testimoniis crediturum.* » (Dig., *De test.*,
L. 3, § 3.) Ce même prince dit encore dans un rescrit
à Gabinius Maximus : « *Alia est auctoritas præsentium*
» *testium, alia testimoniorum quæ recitari solent : tecum*
» *ergo delibera, ut, si retinere eos velis, des eis im-*
» *pendia.* » (Dig., *De test.*, L. 3, § 4.) Une constitution de Justinien ordonne que, dans le cas où les
témoins ne seraient pas présentement résidants dans
la ville, on leur envoie les (procureurs des parties
pour recevoir leurs dépositions sur ce qu'ils savent
ou ne savent pas, et que cette formalité soit remplie
sans frais ni dépense pour les témoins (Cod., *De test.*,

L. 16). L'empereur décide pareillement que, dans les causes civiles, les témoins d'une autre province seraient entendus par le président de leur province ou le défenseur de leur ville, et que leurs dépositions seraient envoyées au juge devant lequel la cause était pendante.

Si donc, il existait au profit de certaines personnes des dispenses de porter le témoignage, il n'en existait pas de venir déposer devant le magistrat quand le témoin habitait la ville, siège du tribunal. Aussi Tacite invoque-t-il comme preuve du grand crédit dont jouit une dame romaine, Urgulania, ce fait que le préteur se transporta chez elle pour recevoir sa déposition (*Annales*, liv. II, § 34).

On ne doit pas sans raison faire venir les témoins d'un lieu trop éloigné, et encore moins appeler à témoigner les militaires en activité de service, ni ceux qui sont absents à cause des fonctions publiques qu'ils remplissent, ni même les entrepreneurs d'approvisionnements pour l'armée.

Quant au nombre des témoins, quoique plusieurs lois aient permis d'en convoquer indéfiniment, les constitutions des empereurs ont restreint cette faculté au nombre de témoins suffisants, et ont permis au juge de s'opposer à ce qu'on en appelle plus qu'il ne le croit nécessaire, afin que, par un abus d'autorité, on n'aille point, sans nécessité, traîner devant les tribunaux une foule de témoins dont la convocation serait vexatoire.

Le juge ne devait pas retenir les témoins plus de quinze jours; ils pouvaient, après ce temps, se retirer chez eux sans qu'on eût le droit de les appeler de nouveau. Les témoins devaient être indemnisés de leurs frais par la partie perdante.

SECTION III.

PEINES DU FAUX TÉMOIGNAGE.

Comment et par quel juge étaient punis les faux témoins ? « *Qui falso vel varie testimonia dixerunt vel* » *utrique parti prodiderunt, aut in exsilium aguntur,* » *aut in insulam relegantur, aut curia submoventur.* » (Paul, *Sent.*, liv. V, tit. xv, § 5.) Les faux témoins étaient punis très sévèrement. Ils étaient expulsés de la curie et condamnés à la relégation. Une constitution de Zénon décide que celui qui a porté faux témoignage sera poursuivi d'abord comme parjure, ensuite comme faussaire ; que celui qui sera soupçonné d'imposture sera, à l'instant de sa déposition, frappé de verges. Celui qui, ayant été condamné par suite d'un faux témoignage porté contre lui pouvait poursuivre civilement le faux témoin et obtenir contre ce dernier la réparation du tort qu'il avait éprouvé (Cod., *De test.*, L. 13).

Une constitution de Justinien donne aux juges pédanés le pouvoir de punir les faux témoins, et de les mettre à la torture si ce sont des plébéiens, en se concertant cependant, pour cette exécution, avec le préfet des gardes de nuit. Si les coupables sont revêtus de la dignité de décurions ou de toute autre, il doit en être référé au magistrat. Dans le droit des Novelles, on applique aux faux témoins la confiscation et la déportation. Les esclaves étaient mis à mort.

SECTION IV.

DE L'AUTORITÉ RELATIVE DE LA PREUVE LITTÉRALE ET DE LA PREUVE TESTIMONIALE.

En principe, nulle prépondérance n'était donnée à l'une des deux preuves sur l'autre ; mais, si nous supposons qu'une des parties apporte une preuve littérale à l'appui de sa demande, et que l'autre se défende au moyen de la preuve testimoniale, lequel des deux modes aura la préférence ? qui l'emportera ? Les auteurs ne sont pas d'accord, et il s'est produit trois opinions principales qui se sont partagé les suffrages.

Premier système.— Le premier système, soutenu par Treutler et Schulting (décade XCIX), enseigne que la preuve testimoniale a plus de force que la preuve littérale. Le texte que ces auteurs invoquent est la loi 3, § 3, au Digeste, *De testibus :* « *Rescripsit Hadrianus :* » *testibus se, non testimoniis crediturum.* » Il est certain que cette phrase prise ainsi isolément paraît dirigée contre la preuve littérale ; mais il ne faut pas faire abstraction du contexte ; quand on l'examine, on s'aperçoit que le rescrit a seulement entendu décider que, dans les causes criminelles, le juge devra entendre lui-même les témoins, au lieu de se contenter de leurs dépositions écrites. Ce sens n'est pas douteux, si l'on se reporte aux explications que Callistrate a données de notre texte : « *Verba epistolæ ad hanc par-* » *tem pertinentia hæc sunt : Quod crimina objecerit* » *apud me Alexander Apio ; et quia non probabat, nec* » *testes producebat, sed testimoniis uti volebat quibus*

» *apud me locus non est ; nam ipsos interrogare soleo.*»
(Dig., *De test.*, L. 3, § 3.)

Les mêmes interprètes invoquent encore un texte,
le chap. III de la Novelle LXXIII, qui s'exprime
ainsi : « *Tunc nos quidem existimavimus ea quæ viva*
» *dicuntur voce, et cum jurejurando : hæc digniora fide*
» *quam scripturam ipsam secundum se subsistere.* » Là
encore il ne faut pas isoler cette phrase de celles qui
la précèdent et l'accompagnent ; quelque péremptoire
qu'elle paraisse, elle ne peut avoir, isolée, son véritable sens. La Novelle tranche une espèce particulière,
la vérification d'écritures, qui n'a jamais joui d'une
grande faveur auprès du législateur romain et dont
les résultats ont souvent été mis en suspicion. Il n'est
donc pas étonnant que l'on rencontre une phrase
comme celle que nous avons transcrite, où la loi accorde plus de confiance à des témoins parlant et dépo-
sant qu'au résultat problématique du travail des
experts. Justinien décide que, pour prouver la nécessité d'un écrit, la déposition des témoins est un
moyen plus sûr que la comparaison d'écritures.

On a encore invoqué dans cette opinion l'autorité
de Cicéron : « *Est ridiculum... quum habeas amplissimi*
» *viri religionem, integerrimi municipii jusjurandum*
» *fidemque, ea, quæ depravari nullo modo possunt,*
» *repudiare ; tabulas, quas idem dicis solere corrumpi,*
» *desiderare.* » (Cicéron, *Pro Archia poeta*, ch. IV.) Cette
citation n'a qu'un défaut, c'est de n'avoir aucun rapport avec la discussion qui nous occupe. Il s'agit là
non d'écrits en général, qu'une partie désire à tort et
ridiculement opposer à des témoignages dignes de
foi, mais d'écrits spéciaux, les registres d'Héraclée,

qui, s'ils existaient, auraient pu victorieusement être
opposés aux témoins. Archias, en effet, était inscrit
comme citoyen sur les registres du cens à Héraclée,
et ces registres avaient été brûlés dans la guerre d'Italie : « *Hic tu tabulas desideras Heracleensium publicas;*
» *quas Italico bello, incenso tabulario, interiisse scimus*
» *omnes.* » On voit donc qu'il n'a pu entrer dans la
pensée de Cicéron de trancher le conflit entre les témoins et les lettres, puisque, dans l'espèce, les lettres
n'existaient pas.

Deuxième système.—Dans un système absolument inverse, qu'ont développé Pothier (*Pand. Just.,* liv. XXII,
tit. III, sect. I, art. 3) et Domat (*Lois civiles,* tit. VI,
sect. II, § 4), les écrits l'emporteraient sur les témoins. Le texte sur lequel cette opinion repose est la
loi I, au Code, *De testibus* : « *Contra scriptum testimo-*
» *nium non scriptum testimonium non fertur.* » Cette
loi est-elle d'abord authentique? Rien n'est plus douteux, car elle n'a été restituée au Code que par Cujas,
qui l'a traduite du grec, l'ayant trouvée dans les *Basi-*
liques. Il serait donc un peu hasardeux de lui donner
la décision d'un point de droit fort important; d'autant plus que sa traduction ne prête pas à un sens
unique et absolu. Sans doute, il paraît tout naturel
de le traduire par cette formule : « le témoignage
» verbal ne peut rien contre le témoignage écrit; »
mais on pourrait le rendre aussi de la façon suivante :
« les témoins signataires d'un acte ne sont point ad-
» mis à contester son contenu. » Rien n'empêche, en
effet, que l'on considère les deux membres de la phrase
latine comme s'appliquant aux mêmes personnes, et
qu'on ne lui suppose pour but d'empêcher des con-

tradictions sous lesquelles la fraude serait facilement dissimulée, et elle serait alors l'explication naturelle de ce principe : « *Testes, qui adversus fidem suam testa-* » *tionis vacillant, audiendi non sunt.* » (Dig., *De test.*, L. 2.) Si cette interprétation est exacte, le système de Pothier pèche par sa base.

M. Derome (*Revue critique*, année 1849, I, p. 291) propose une autre explication, également opposée au système de Pothier. Le *testimonium scriptum* ne saurait être l'*instrumentum ;* c'est tout simplement la déposition écrite rédigée par le témoin lui-même ou sous sa dictée. *Testimonium scriptum* n'est autre chose que les *testimonia quæ recitari solent*, opposé aux *præsentes testes* dans la loi 3, §§ 3 et 4, au Digeste, *De testibus :* « *Alia est auctoritas præsentium testium, alia testimo-* » *niorum quæ recitari solent.* » Traduire *testimonium scriptum* par instrument, c'est prendre le sens figuré qui ne doit être adopté que lorsque le sens propre est inadmissible. Or, ici, le sens propre est que la déposition orale n'est pas valable contre la déposition écrite, c'est-à-dire qu'un témoin ne mérite aucune créance quand il dément verbalement ce qu'il a affirmé par écrit.

Pothier invoque une autre loi plus explicite : « *Census et monumenta publica potiora testibus esse, se-* » *natus censuit.* » (Dig., *De prob.*, L. 10.)

Il est évident, d'après cette loi, que les registres publics du cens ou autres l'emporteraient sur les dépositions des témoins ; mais ce qui est vrai pour les actes authentiques ne doit pas être généralisé et appliqué à toutes sortes d'écrits.

Troisième système. — Cujas (vol. IX, tit. xx), et Voët,

De test., § 1) soutiennent que les deux preuves avaient le même pouvoir et que, si elles étaient opposées l'une à l'autre, il fallait chercher dans les circonstances de la cause un élément de décision, aucune des deux ne pouvant par elle-même l'emporter sur l'autre. Ils invoquent à l'appui de leur opinion ce passage de la loi 15, Cod., *De fide instr.* : « *In exercendis litibus* » *eamdem vim obtinent tam fides instrumentorum, quam* » *depositiones testium.* » C'est donc au juge à se faire une opinion en examinant les faits de la cause. S'il y a opposition entre les écrits et les témoins, le juge pourra donner la préférence aux uns ou aux autres, selon que les écrits mériteront plus de confiance que les témoins, ou que les témoins lui paraîtront plus irréprochables que les écrits. Aussi, quand l'on trouve une loi qui déclare l'autorité d'un écrit ébranlée par la déposition des témoins, comme la loi 14, Cod., *De contrah. et committ. stipul.*, c'est que, dans l'hypothèse de cette loi, les témoins sont au-dessus de tout reproche. Si, au contraire, une loi prohibe la preuve testimoniale contre un écrit, c'est que, dans le cas qu'elle prévoit, l'autorité de l'écrit est contestable : « *Testes,* » *cum de fide tabularum nihil dicitur, adversus scriptu-* » *ram interrogari non possunt.* » (Paul, *Sent.*, liv. V, tit. xv, § 4.)

Mais il faut dire que, si nos auteurs paraissent assez d'accord pour soutenir le principe qu'ils énoncent en théorie, ils montrent quelques divergences quand ils arrivent aux applications pratiques. — Struvius fait une distinction entre les causes privées et les causes publiques, dans lesquelles il admet que la preuve écrite l'emporte sur le témoignage. — Cujas

(*De prob.*, L. 29) prétend que, s'il s'agit d'une simple question de fait, c'est la preuve testimoniale qui doit l'emporter, tandis que si le litige est sur des droits, des qualités, l'état des personnes, c'est la preuve par écrit qui obtient l'avantage. — Doneau (t. VII, p. 1253) sépare en deux les preuves littérales : il met d'un côté celles qui forment les *instrumenta publica* et il ne permet pas qu'on leur oppose les témoins ; tandis qu'il pense que les *acta privata*, ou même *publice facta*, sont loin d'avoir la même force, et qu'il n'y a nulle raison pour les mettre avant ou après la preuve testimoniale.

Ces différents systèmes contiennent chacun une partie de vérité, et il est probable que la préférence d'une des deux preuves sur l'autre se manifestait suivant des circonstances de fait. M. Derome (*Revue critique*, année 1849) pense qu'il s'est passé à Rome à peu près ce qui est arrivé chez nous : la preuve testimoniale a d'abord eu la préférence, nécessairement, puisque l'écriture n'était pas connue ; puis, à mesure que les lettres se répandent, la faveur de la preuve par témoins décroît, et finit, sous le Bas-Empire, par tomber définitivement au second rang.

Un ensemble de textes assez explicites confirme cette théorie. Le premier que nous citerons forme la loi 10, Dig., *De probationibus*, que nous avons déjà citée : « *Census et monumenta publica potiora esse tes-* » *tibus, senatus censuit.* » Cette loi est empruntée à Marcellus, qui vivait au iie siècle. Ainsi, seulement à cette époque, les *monumenta publica* furent, sur un décret du Sénat, préférés aux témoins.

Paul généralise ce principe et l'étend à tous les

écrits sans exception, pourvu que leur sincérité ne soit pas mise en doute.

Un rescrit d'Alexandre Sévère, qui date à peu près de la même époque (commencement du IIIe siècle), exige la preuve littérale pour décider une question d'état : « *Si tibi controversia ingenuitatis fiat, defende* » *causam tuam instrumentis et argumentis quibus potes :* » *soli enim testes ad ingenuitatis probationem non suf-* » *ficiunt.* » (Cod., *De test.*, L. 2.)

Plus tard, un rescrit de Dioclétien, tranchant une difficulté soulevée sur la question de savoir si un mineur qui s'était obligé en se donnant pour majeur pouvait obtenir la *restitutio in integrum*, décide que le mineur ne sera pas restitué s'il y a eu fraude de sa part. Dans le cas contraire, il pourra opposer sa minorité, en la prouvant soit par des écrits, soit par des témoins. Toutefois, si le mineur avait assuré par serment dans l'acte qu'il était majeur, l'empereur lui refusait le droit de prouver sa minorité autrement que par la preuve littérale.

Sous le Bas-Empire, le principe nouveau triomphait complètement. Une constitution de Justin décide qu'on ne pourra opposer que des *argumenta in scriptis inserta* aux obligations contractées par écrit, pourvu que la cause en soit clairement spécifiée.

Justinien paraît s'être écarté du principe admis par son prédécesseur. Il autorise la preuve par témoins contre les écrits qui ont pour objet un contrat, et particulièrement un prêt d'intérêt. Mais il faut faire ici deux observations : la première, c'est qu'il s'agit, dans l'espèce, d'un écrit constatant un contrat pour la formation duquel la présence des parties est indispen-

sable, et c'est justement sur cette présence de parties
que porte le doute, quoiqu'elle ait été constatée à
l'acte. Il fallait bien alors que, si l'acte avait été frau-
duleusement fait en l'absence des parties, elles pus-
sent protester. La seconde, c'est que les précautions
les plus grandes sont prises pour que l'intervention
des témoins fût strictement limitée : « ..... *Liquidis,*
» *ac manifestissimis probationibus, et melius quidem*
» *si per scripturam, vel saltem per testes undique ido-*
» *neos, et omni exceptione majores ostenderit.* » (Cod.,
De contr. et com. stipul., L. 14.) Ainsi, aux yeux de
Justinien, les témoins les plus dignes de confiance
ne valent pas les preuves écrites.

Dans une autre constitution, Justinien rétrécit encore la sphère d'action de la preuve testimoniale. Une
dette existe reconnue ; le débiteur ne dénie pas l'écrit
qui la constate ; mais il prétend que son obligation
est éteinte par le paiement. Si l'obligé avait eu soin
de se faire délivrer une quittance, il n'aurait qu'à
l'exhiber, mais il a négligé cette précaution ; il lui
faudra alors produire cinq témoins d'une probité ir-
réprochable qui déclarent, sous la foi du serment,
que le paiement a eu lieu en leur présence : « *Quinque*
» *testes idonei, et summæ atque integræ opinionis*
» *præsto fuerint solutioni celebratæ, hique cum sacra-*
» *menti religione deposuerint sub præsentia sua debitum*
» *esse solutum.* » (Cod., *De test.*, L. 18.)

Justinien, du reste, hésite souvent entre les deux
genres de preuves. Si, dans les chapitres I, II et III de
la Novelle LXXIII, il paraît incliner en faveur de la
preuve testimoniale, il est certain que, dans le chapitre IV de la même Novelle, dans le chapitre IV de la

Novelle LXXIV, dans la préface et les chapitres II et III
de la Novelle XC, il penche visiblement pour la preuve
littérale.

La solution de la question, sous Justinien, est donc
la suivante : attaque-t-on la sincérité d'un écrit, sa
véritable origine, les deux sortes de preuves sont sur
la même ligne (Cod., *De fide instr.*, L. 15). Mais cette
loi, ne supposant pas les deux preuves en conflit, ne
s'explique pas sur leur supériorité relative. En matière
de vérification d'écritures, nous admettrons avec la
Novelle LXXIII, chapitre III, que la comparaison
d'écritures n'inspire pas autant de confiance que la
déposition des témoins. Mais la comparaison d'écritures n'est pas la preuve littérale.

Si, sans attaquer la sincérité de l'écrit, on veut
soutenir que la teneur de l'acte n'est pas conforme à
la réalité des faits qu'il mentionne, des conventions
qu'il constate, on ne sera pas admis à faire entendre
des témoins ou bien leurs dépositions ne seront que
des auxiliaires aux écrits, des moyens subsidiaires de
preuve, et ils auront toujours moins de force que la
preuve littérale. D'après Paul, la règle générale est
qu'en pareille hypothèse, les témoins ne doivent pas
être entendus.

D'ailleurs, pour certains écrits, les lois s'en sont
formellement expliquées. Ainsi, pour les monuments
publics, la loi 10, au Digeste, *De probationibus*, les
déclare préférables aux dépositions des témoins. Les
écrits *forenses* ne peuvent être combattus que par des
écrits, et des écrits en bonne forme, devant mentionner
la cause de l'obligation. Les lois 13, au Code, *De non
numeral. pec.;* 25, §4, au Digeste, *De probat.*, n'auto-

6

risent pas la preuve par témoins contre le contenu
d'un écrit quelconque, dont la sincérité n'est pas mise
en doute.

Nous pouvons donc maintenant dire, en générali-
sant, dans quel cas la preuve testimoniale et la preuve
littérale étaient, ou non, recevables en droit romain.
En général, ces deux genres de preuve étaient également admissibles. Lorsqu'un écrit existait et qu'il
n'était pas contesté dans sa sincérité, les témoins ne
pouvaient être entendus pour déposer contre la teneur
de l'acte. S'ils étaient entendus, ce n'était que par
exception et comme auxiliaires de la preuve littérale :
par exemple dans le cas de l'exception *non numeratæ
pecuniæ*, où ils venaient affirmer le fait du paiement
attesté par l'acte. En tout cas, la preuve testimoniale
était toujours placée au-dessous de la preuve littérale.

Certaines lois repoussent la preuve testimoniale.
Ainsi la preuve testimoniale n'est pas reçue contre le
contenu d'un écrit; d'autres lois l'admettent, mais
seulement à défaut de preuve écrite ou bien concurremment avec des preuves littérales et en manifestant
pour celles-ci une préférence marquée. Il n'existe pas
de loi qui repousse en un seul cas la preuve écrite. Partout où elle est possible, elle est admise.

CHAPITRE IV.

MODES DE PREUVE SPÉCIAUX.

SECTION I.

DE L'AVEU.

L'aveu est la déclaration par laquelle une partie reconnaît le droit ou quelque fait qui s'y rapporte. Il y avait à Rome deux genres d'aveu : l'aveu judiciaire et l'aveu extrajudiciaire : ces deux sortes de reconnaissances obéissaient à des règles communes, mais elles se distinguaient l'une de l'autre par des règles particulières.

L'aveu judiciaire est la déclaration que fait en justice la partie ; l'aveu extrajudiciaire est celui qui est fait hors justice.

L'aveu doit consister dans une déclaration expresse. Il doit être fait par une personne capable d'aliéner, parce qu'il constitue une véritable renonciation au litige.

L'aveu en justice équivalait à une condamnation : *confessi in jure pro judicatis habentur.* Mais dans la procédure formulaire, comme l'exécution d'une sentence ne pouvait aboutir qu'au paiement d'une somme d'argent, toutes les fois que l'aveu portait sur autre chose, il fallait renvoyer les parties devant le juge pour faire liquider la condamnation.

Pour servir de moyen de preuve, l'aveu devait, en général, être volontaire ; le défendeur n'était pas tenu d'avouer : il n'avait même pas besoin de répondre aux allégations du demandeur. Ceci souffrait cependant exception quand il s'agissait de faits relatifs à la personne du défendeur et dont la constatation était nécessaire pour que le procès pût être dirigé contre lui. Supposons qu'une personne eût à poursuivre le paiement d'une somme d'argent dont le débiteur était décédé : Titius passait pour être son héritier ; mais le créancier n'en avait aucune preuve, et dans tous les cas il ignorait pour quelle part Titius était héritier. En pareil cas, le demandeur avait le droit de poser au défendeur, avant de procéder à la *litis contestatio*, des questions propres à constater sa qualité, *interrogationes in jure*. L'action intentée à la suite de ces interrogations, qui étaient mentionnées dans la formule, s'appelait dès lors *interrogatoria actio*. Il dépendait naturellement du magistrat de permettre ou de ne pas permettre que le demandeur posât de ces questions préjudicielles ; mais elles étaient de droit, d'abord toutes les fois qu'il importait de constater la qualité d'héritier du défendeur, ensuite dans les actions *in rem*, à l'effet de savoir si et à quel titre le défendeur possédait, enfin dans l'action *legis Aquiliæ* et dans les actions noxales.

Les réponses faites par le défendeur guidaient le demandeur dans la conception de sa demande. Ce qu'elles contenaient de favorable lui était désormais acquis contre le défendeur. Si ce dernier refusait de répondre, ou donnait de mauvaise foi une réponse contraire à la vérité, on admettait comme vraie la supposition la plus défavorable pour lui. Ces questions préjudicielles devaient, dans l'ancien droit, précéder la *litis contestatio*, puisque la rédaction des formules dépendait des réponses à faire par le défendeur. Elles constituaient donc une procédure séparée précédant les débats du fonds. Dans le droit nouveau, où toutes les questions contentieuses se discutent dans la même instance, cette séparation n'existe plus.

En principe, un aveu ne peut être rétracté que si celui qui l'a fait démontre son erreur. Mais il faut que ce soit une erreur de fait; une erreur de droit ne donnerait pas lieu à rétractation : « *Non fatetur qui errat,* » *nisi jus ignoravit.* » Le préteur accorda donc la *restitutio in integrum* à celui qui, par suite d'une erreur de fait, avait été amené à un aveu qui lui était préjudiciable, encore fallait-il que le défendeur n'eût pas à se reprocher une trop grande négligence. Mais il y avait un cas où les Romains n'admettaient pas la rétractation de l'aveu : c'était dans les causes qui donnaient naissance à une action entraînant une condamnation au double, en cas de dénégation du défendeur. Un individu se croyant tenu *ex judicato* ou *ex lege Aquilia* paie; la répétition lui sera refusée, il ne pourra revenir sur son aveu, et cela par la raison que, poursuivi, il n'aurait pu nier l'existence du jugement ou du délit sans se placer dans l'alternative ou de réussir dans sa défense ou de subir une condamnation au double. Les interprètes, pour expliquer ici le refus de la *condictio indebiti*, prêtent au *solvens* le raisonnement suivant : « Si je nie la dette, je risque

d'être poursuivi et condamné au double. Il est donc
de mon intérêt de m'avouer débiteur, afin d'assurer ma
tranquillité. » Le paiement serait donc une espèce de
transaction, et dès lors la *condictio indebiti* ne peut
être exercée, car elle serait sans cause; si l'aveu ne
peut être rétracté, c'est que le débiteur n'aurait pas
commis une erreur, mais simplement une spéculation
(Dig., *De cond. ind.*, L. 65, § 1).

SECTION II.

DU SERMENT.

Le serment est une déclaration solennelle faite par
une personne qui prend la Divinité à témoin de la
sincérité de sa déclaration. Le serment a joué un
grand rôle dans l'antiquité; il fut très fréquent à
Rome. Le culte des dieux, un respect profond pour
toute croyance religieuse, lui assuraient un caractère
de sincérité et une importance sur lesquels les législateurs modernes ne peuvent plus compter. Les Romains
ont moins envisagé le serment comme une preuve que
comme une transaction; ils y ont vu un mode simple
et sûr de terminer les procès : « *Jusjurandum speciem*
» *transactionis continet : majoremque habet auctori-*
» *tatem, quam res judicata.* » (Dig., *De jusj.*, L. 2.)

D'après le titre II du livre XII du Digeste, le serment aurait revêtu trois formes : il aurait été *voluntarium, necessarium* ou *judiciale.* Pas de difficulté sur le
jusjurandum judiciale, c'était le serment déféré par le
juge. Mais quant à ce qu'étaient le *jusjurandum volun-*

tarium et le *jusjurandum necessarium*, les interprètes ne sont pas d'accord.

Selon Voët (*De jusj.*, § 7), le serment est dit *voluntarium* quand une partie le défère à l'autre extrajudiciairement; il est dit *necessarium* quand il est déféré en justice. Dans le premier cas, la partie à qui le serment est déféré peut ne pas le prêter sans que sa cause soit pour cela compromise; dans le second, la partie à qui le serment est déféré se trouve dans la nécessité de le prêter ou de le referer pour ne pas perdre son procès.

Au contraire, suivant Cujas (*De jusj.*), le serment est dit *voluntarium* quand il est déféré même en justice, la partie à qui il est déféré étant libre de le prêter ou de le référer, et il est dit *necessarium* quand il est référé, la partie à qui on le réfère étant obligée de le prêter pour ne pas être condamnée.

Nous allons examiner séparément les règles qui concernent le serment judiciaire et le serment extrajudiciaire.

§ 1. — *Du serment judiciaire.*

Le serment judiciaire est celui que l'une des parties ou le juge défèrent dans une instance. Le serment judiciaire est *décisoire, supplétoire*, ou *in litem*.

I. — Le serment est dit décisoire quand une personne le défère dans un procès à son adversaire : Je tiens, lui dit-elle, pour prouvé ce que vous avancez, si vous en affirmez la vérité sous la foi du serment. La personne ainsi interpellée a trois partis à prendre : elle doit prêter le serment, le référer à son adversaire, ou succomber. Lorsque le serment est référé, la partie qui l'a déféré doit prêter serment ou succomber.

Le serment décisoire peut être déféré aussi bien par le demandeur que par le défendeur. Il faut, pour déférer le serment, avoir la libre disposition de ses biens. Cependant un tuteur, durant la tutelle, ou le curateur du *furiosus* durant la curatelle, peuvent valablement déférer le serment, à la condition d'agir prudemment et à défaut de toute autre preuve. Cela s'applique également au mandataire, pourvu qu'il ait l'administration des biens.

Les vestales et le *flamen Dialis* ne pouvaient, dans l'ancien droit civil, prêter serment. L'affranchie que son patron avait épousée ne pouvait lui déférer le serment : c'eût été manquer au respect et à la reconnaissance qu'elle lui devait. Le serment ne peut également être déféré à celui qui n'a pas l'administration de ses affaires, ni à celui qui peut alléguer d'une manière plausible son ignorance de la chose sur laquelle il doit prêter serment.

Dans la prestation du serment, il faut nécessairement reproduire les termes employés pour la délation. Si celui qui l'a déféré n'en a pas déterminé la forme, c'est au juge à la fixer. On doit s'en rapporter au serment de celui qui a juré par une chose que ses croyances religieuses lui font regarder comme respectable, ce qui s'entend toutefois des croyances qui ne sont pas publiquement réprouvées : « *Divus Pius jurejurando,* » *quod propria superstitione juratum est, standum re-* » *scripsit.* » (Dig., *De jur.*, L. 5, § 1.)

Le serment doit intervenir aussitôt qu'il a été dé-

féré ou référé. On accorde, néanmoins, certains délais pour de justes motifs.

Le serment décisoire opère libération dès qu'il est
prêté, de quelque nature que soit l'action intentée et
alors que la prétention de celui qui le prête ne repose sur aucune autre preuve : « *Omnibus probatio-*
» *nibus aliis deficie ntibus,* » dit Paul (Dig., *De jur.*,
L. 35, pr.). Il y avait cependant une certaine garantie pour le défendeur dans le serment *de calumnia* que
devait prêter chaque partie avant d'intenter le procès.

Les effets du serment sont différents suivant qu'il
est prêté par le demandeur ou par le défendeur :
pour le premier, il produit une action ; pour le second, une exception.

Si donc le serment a été prêté par le défendeur, le
magistrat ne donne pas d'action au cas où il apparaît
d'une façon indubitable que le serment a été prêté ;
s'il en est autrement, il délègue au juge le pouvoir
d'entendre les parties sur l'action originelle et l'exception de serment opposée.

Quand le demandeur a prêté le serment qu'on lui
a déféré, il peut intenter l'action *in factum*, laquelle
a la même force que la chose jugée. En effet, le serment prêté, on ne peut plus poser la question de
savoir si, oui ou non, il y avait dette ; il reste seulement à connaître quelle chose a été affirmée par serment.

Entre quelles personnes le serment produit-il son
effet ? *Prodest jusjurandum non solum ipsi reo qui juravit, sed et omni alii ad quem ea res pertinet.* Ainsi le
serment a son effet en faveur des codébiteurs ; car si,
de deux *correi promittendi*, l'un a juré qu'il ne devait

rien, l'autre est libéré; de même, si le débiteur principal a juré, le *fidéjusseur* est libéré. Toutefois, il faut que le serment ait porté sur le contrat même qui les lie pour que le serment de l'un puisse profiter aux autres. Il en serait autrement si le débiteur principal n'avait juré que sur quelques circonstances à lui personnelles. Si, de même, le garant a juré qu'il ne s'était point porté caution, un tel serment ne peut profiter au débiteur; il faudrait qu'il eût juré que la chose n'était pas due. Une action ou une exception naissent encore pour nous du serment qui a été prêté en notre nom ; car le serment déféré par l'une des parties au *procurator* de l'autre, produit une exception pour celui à qui appartient l'affaire, quel que soit d'ailleurs l'état civil de l'individu qui a prêté serment pour nous, même si c'est un esclave; *a fortiori*, le serment prêté par le *filiusfamilias* profite au père, si, par le serment qu'on lui a déféré, il a juré que son père ne devait rien. Le serment d'un tiers auquel deux parties contestantes sont convenues de s'en rapporter, produit également une exception en leur faveur.

Le serment préjudicie à celui contre qui il a été prêté, à ses successeurs à titre universel ou particulier, et à tous ceux qui avaient droit à la même créance : « *In duobus reis stipulandi, ab altero delatum jusjuran-* » *dum etiam alteri nocebit.* » (Dig., *De jur.*, L. 28, pr.) Mais il ne peut nuire à un tiers.

L'autorité du serment ne peut être infirmée, car il contient une sorte de transaction. On ne peut en appeler, et la cause terminée par le serment ne saurait être reproduite en justice. Il existe, cependant, quelques cas où le serment peut être rescindé : tel est

celui où un mineur de vingt-cinq ans a déféré le serment et prétend avoir été lésé par la prestation ; il en
est de même lorsqu'une partie défère le serment à son
débiteur en fraude de ses créanciers.

Enfin l'autorité d'un premier serment peut être infirmée par celle d'un serment contraire et subséquent (Dig., *De jurej.*, L. 28, § 10).

Justinien, tranchant une question controversée,
décida qu'en matière de legs et de fidéicommis, si le
parjure était démontré, il ne profiterait pas à celui
qui s'en était rendu coupable (Cod., *De reb. cred. et
jurej.*, L. 13).

II. — Le serment supplétoire est celui que le juge,
à défaut d'autres preuves suffisantes, défère à l'une
des parties pour se faire une conviction : *« Solent enim
» sæpe judices in dubiis causis, exacto jurejurando,
» secundum eum judicare, qui juraverit. »* (Dig., *De
jurej.*, L. 31.) L'autorité de ce serment n'est pas aussi
prépondérante que celle du serment décisoire. Si,
après la prestation du serment, on découvre des titres
ignorés ou perdus, le jugement rendu en vertu de ce
serment peut être rétracté.

Le serment supplétoire peut être déféré soit au
demandeur, soit au défendeur ; le juge a le choix
entre les deux parties.

III. — Le serment *in litem* avait pour but de punir
le dol du défendeur, en autorisant le demandeur à
fixer, sous la foi du serment, le prix d'affection qu'il
attachait à la chose réclamée. S'il s'agissait d'une
simple faute, le juge déterminait lui-même l'intérêt
d'affection. Le serment *in litem* ne pouvait être déféré
que par le juge ; s'il était déféré par une des parties,

ou si l'une d'elles le prêtait de son propre mouvement, il était nul. Le serment pouvait avoir lieu pour une valeur illimitée; il était seulement loisible au juge d'ajouter une *taxatio*, c'est-à-dire de fixer un maximum que la déclaration ne devait pas dépasser (Dig., *De in lit. jur.*, L. 4, § 2). Le serment prêté ne liait pas le juge, qui pouvait encore, si l'évaluation lui paraissait exagérée, restreindre la condamnation à un taux inférieur. C'est ce qu'admettait Ulpien *ex magna causa et postea repertis probationibus* (Dig., *De in lit. jur.*, L. 4, § 3). Le serment *in litem* ne pouvait être référé.

§ 2. — *Du serment extrajudiciaire.*

Il y a serment extrajudiciaire lorsque deux personnes entre lesquelles il n'y a pas d'instance engagée ni poursuivie, mais qui ont ensemble une difficulté, conviennent de trancher le débat par le serment que prêtera l'une d'elles. C'est une transaction qui est sanctionnée par une action *de jurejurando* et une exception *jurisjurandi*. Prêté spontanément, ce serment serait de nul effet; car il n'oblige qu'autant qu'il intervient en vertu d'un compromis. La partie à laquelle il est proposé ne peut le référer à son adversaire. Pour qu'il y ait lieu à l'action *de jurejurando* et à l'exception *jurisjurandi*, il faut que le serment ait été prêté réellement; néanmoins, une fois l'offre acceptée, la partie qui l'a déféré peut en faire remise et le tenir pour prêté.

Le serment étant favorable à qui le prête et défavorable à qui le défère, il s'ensuit qu'il est valable-

ment prêté par toute personne, à l'exception des *fu-
riosi* et des enfants, mais qu'il ne peut être valablement déféré que par les personnes capables de rendre
leur condition pire. Il faut, pour déférer le serment,
avoir la disposition pleine et entière du droit en litige :
donc le *negotiorum gestor* ne pouvait déférer le serment qu'à la condition de la ratification du *dominus
rei ;* les tuteurs et curateurs le déféraient très régulièrement ; quant aux mandataires, cela dépendait de
l'étendue de leurs pouvoirs.

Le serment pouvait être déféré ou prêté sur toute
espèce de droits. On n'avait même à Rome fait aucune
réserve pour les choses hors du commerce ; aussi
trouvons-nous dans les textes le serment déféré en
matière de question d'état (Dig., *De jur.*, L. 3, § 2 ;
L. 30, § 4).

Quelle est la portée de l'action et de l'exception du
serment?

Les effets du serment extrajudiciaire sont exactement les mêmes que ceux du serment judiciaire.
Nous n'examinerons donc pas les théories que nous
avons déjà exposées ; nous dirons seulement qu'il
faut bien tenir compte des termes dans lesquels le serment a été prêté. Il est tel serment qui peut fournir
soit une exception, soit une action ; tel autre, au contraire, ne saurait jamais donner qu'une exception :
« *Si possessori fuerit jusjurandum delatum*, dit Ulpien,
» *juraveritque rem petitoris non esse, quamdiu quidem
» possidet, adversus eum, qui detulit jusjurandum, si
» petat, exceptione jurisjurandi utetur ; si vero ami-
» serit possessionem, actionem non habebit, ne quidem
» si is possideat, qui ei jusjurandum detulit : non enim*

» *rem suam esse juravit, sed ejus non esse.* » (Dig., *De jur.*, L. 11, pr.) Le jurisconsulte suppose qu'un individu à qui on a déféré le serment a juré qu'une chose dont il est possesseur n'appartient pas à celui qui s'en prétend propriétaire ; si la chose est revendiquée par quelqu'un, même par la personne qui a déféré le serment, le possesseur repoussera son action par l'exception *jurisjurandi ;* mais s'il a perdu la possession, il ne pourra la recouvrer par l'action *de jurejurando,* même si le possesseur actuel est celui qui a déféré le serment. En résumé, quand le serment est négatif du droit de celui qui le défère, il n'en peut résulter qu'une exception ; s'il est affirmatif du droit de celui qui le prête, il donne naissance à une action.

L'action *de jurejurando* est une action *in factum* toujours personnelle.

Pourquoi le préteur accordait-il une exception *jurisjurandi* lorsqu'entre les parties litigantes un pacte de serment était intervenu ? Pourquoi ne se bornait-il pas à décerner l'exception *pacti conventi ?* C'est que le pacte de serment revêt un double caractère qui le distingue du pacte ordinaire. D'abord, le simple pacte ne produit pas en général d'action ; ici, au contraire, le préteur en accorde une.

En second lieu, certaines personnes qui ne pourraient pas faire usage de l'exception *pacti conventi* peuvent au contraire employer l'exception *jurisjurandi.* Supposons deux *rei promittendi non socii :* si le créancier a fait avec l'un d'eux un pacte *de non petendo* même *in rem,* l'autre n'aura pas l'exception *pacti conventi* pour se défendre contre l'action du créancier. Si, au contraire, le créancier défère le serment sur l'existence de la dette de l'un des deux *correi* et que celui-ci le prête, les deux prétendus débiteurs pourront opposer au créancier l'exception *jurisjurandi*.

SECTION III.

DE L'EXPERTISE.

L'expertise est un mode de preuve qui consiste dans un appel fait par le juge aux lumières et à la compétence d'une personne étrangère au litige, afin d'obtenir d'elle des renseignements dont il croit avoir besoin et qu'il ne peut se procurer lui-même. Le rôle de l'expert ne se borne pas à un simple témoignage ; il doit dire quelle serait, à son avis, la solution à donner.

Ce mode de preuve fut peu usité par la procédure romaine. Les sciences n'ayant pas fait les progrès qu'elles ont accomplis de nos jours, les moyens de constatation médico-légaux, scientifiques ou autres, étaient impuissants à seconder efficacement l'œuvre de la justice. On trouve cependant dans les textes du Digeste et du Code quelques applications de la preuve par expert.

Dans la question du bornage, nous voyons à la loi 8, au Digeste, *Finium regundorum*, que le juge devait envoyer sur les lieux des arpenteurs, *mensores*, pour constater les faits.

Lorsqu'il s'agit du congé d'un militaire pour raison de santé, Gordien exige à la fois l'examen du juge et celui des gens de l'art : « *Medicis denunciantibus, et » judice competente diligenter examinante.* » (Cod., *De re mil.*, L. 6.)

Quand il y avait lieu de vérifier la grossesse d'une veuve ou d'une femme divorcée, nous voyons qu'on la faisait visiter par trois ou par cinq sages-femmes (Dig., *De inspic. ventre*, L. 1, pr., § 10).

Nous trouvons encore dans la loi 6, § 1, au Code, *De secundis nuptiis*, l'emploi de priseurs chargés d'estimer les meubles provenant de donations *ante nuptias*, dont la femme qui convole à de secondes noces conserve l'usufruit : « *Mobilium vero rerum, justis pretiis* » *æstimatione habita per eos, quos utraque pars elegerit* » *arbitros judicaturos, interposito sacramento, simili* » *modo usumfructum habeat.....* »

La Novelle LXIV nous apprend qu'il y avait à Constantinople des jardiniers experts. Ces experts abusaient souvent, paraît-il, de leur ministère pour favoriser leurs confrères aux dépens du propriétaire du sol, lorsqu'ils étaient, à la fin du bail, chargés d'évaluer les améliorations faites par le jardinier locataire. Cette Novelle tendait justement à réprimer cet abus.

CHAPITRE V.

DES PRÉSOMPTIONS.

Les présomptions diffèrent de la preuve proprement dite en ce qu'elles ne constituent qu'un moyen indirect de constatation. Elles tendent, en effet, à établir la vérité d'un fait au moyen d'inductions ou de conséquences tirées d'autres faits reconnus ou prouvés préalablement : tandis, au contraire, que la preuve proprement dite a pour but et pour résultat d'établir directement le fait qu'il s'agit de prouver à l'aide de moyens et de convictions qui se rapportent précisément à l'existence de ce fait.

Pothier (*De prob. et præs.*, sect. III, § 21) dit que les commentateurs ont distingué dans le droit romain trois espèces de présomptions. La première espèce contient celles qui n'admettent pas de preuves contraires et qu'on appelle ordinairement présomptions *juris et de jure*. Telles sont celles qui résultent de la chose jugée, de l'aveu et du serment.

Dans la deuxième espèce l'on range toutes celles qui font preuve, mais seulement jusqu'à preuve du contraire : telle est la présomption de libération qui résulte de ce que le *chirographum* a été lacéré.

Enfin, dans la troisième espèce entrent celles qui

7

ne font pas foi isolément, mais seulement avec le secours d'autres preures.

Nous venons d'examiner l'aveu et le serment; il nous reste à étudier la plus importante des présomptions *juris et de jure*, l'autorité de la chose jugée.

DE L'AUTORITÉ DE LA CHOSE JUGÉE.

Aux premiers siècles de Rome, il était de jurisprudence qu'un droit une fois déduit en justice était éteint. On ne pouvait plaider deux fois sur un même droit.

Sous la procédure formulaire, le préteur refusait une action au demandeur qui voulait invoquer un droit déjà déduit dans un *judicium legitimum*. Mais si l'action demandée n'était pas *in jus*, si le *judicium* n'était pas *legitimum*, le défendeur n'avait, pour s'opposer à un second procès sur la même question, d'autre ressource que celle de demander l'insertion dans la formule d'une exception dite *rei judicatœ*. L'exception *rei judicatœ* est, dans ce cas, un moyen de procédure se bornant à empêcher le renouvellement d'une poursuite déjà exercée. Mais, au temps des jurisconsultes, elle put servir non seulement à celui qui voulait exclure une nouvelle instance, mais encore à celui qui voulait profiter de ce qui avait été jugé dans un précédent procès. Ainsi le demandeur qui avait déjà échoué dans une action en revendication d'un fonds était bien recevable, en principe, à exercer une seconde revendication du même fonds; mais il était repoussé au moyen de l'exception de la chose jugée.

Il est bon de faire respecter comme vrai ce qui a été jugé une première fois; car on n'aurait pas, en re-

nouvelant le procès, la certitude d'arriver plus sûre-
ment à une solution préférable. C'est surtout une
considération d'intérêt social qui a conduit à a lmettro
la maxime : *res judicata pro veritate habetur* : « *Singulis*
» *controversiis*, dit Paul , *singulas actiones, unumque*
» *judicati finem sufficere, probabili ratione placuit; ne*
» *aliter modus litium multiplicatus summam atque*
» *inexplicabilem faciat difficultatem : maxime si diversa*
» *pronunciaretur.* » (Dig., *De except. rei jud.*, L. 6.)

Quelles sont les conditions exigées pour que l'exception *rei judicatæ* puisse être opposée ?

Les interprètes ont ramené à trois les conditions
nécessaires pour que l'exception produise son effet :
il doit y avoir identité d'objet , identité du titre de la
demande, identité de personnes : *eadem quæstio inter
easdem personas.*

I. — Il faut d'abord qu'il y ait identité d'objet ;
c'est-à-dire *idem corpus, quantitas eadem , idem jus.*
L'objet actuellement réclamé se rattache-t-il à une
qualité sur laquelle a déjà porté un litige entre les
mêmes personnes : le préteur devra accorder l'exception *rei judicatæ.*

Ainsi celui qui a intenté la *petitio hereditatis* contre
un débiteur de l'hérédité ne peut renouveler le litige
en revendiquant plus tard un objet de la succession ;
car le véritable but du procès n'est pas le paiement
de la dette ou la restitution du corps héréditaire, mais
bien la qualité d'héritier sur laquelle il a déjà été
statué : « *Nam cum hereditatem peto, et corpora, et actio-*
» *nes omnes, quæ in hereditate sunt, videntur in petitio-*
» *nem deduci.* » (Dig., *De except. rei jud.*, L. 7, § 5.)

Il faut remarquer, avec les jurisconsultes romains,

que l'identité ne doit pas s'entendre trop littéralement : « *Idem corpus in hac exceptione, non utique omni*
» *pristina qualitate vel quantitate servata, nulla adjec-*
» *tione deminutioneve facta, sed pinguius pro communi*
» *utilitate accipitur.* » (Dig., *De except. rei jud.*, L. 14,
pr.) Pour que l'exception de la chose jugée soit admise, il faut trouver dans la seconde demande *eamdem*
quantitatem. Remarquons que, si le demandeur a d'a-
bord réclamé la quantité inférieure et que, plus tard,
il réclame pendant la même préture la quantité supérieure, il sera repoussé par l'exception *litis dividuæ.*
On résume cette théorie dans la maxime *pars in toto*
est, la partie est contenue dans le tout. Il est cependant possible que le jugement rendu quant à l'objet
total laisse intacte la question de la propriété d'une
de ses parties : « *Is, qui insulam petit, si cæmenta, vel*
» *tigna, vel quid aliud suum petat, in ea conditione est,*
» *ut videatur aliud petere : etenim cujus insula est,*
» *non utique et cæmenta sunt.* » (Dig.. *De except. rei*
jud., L. 7, § 2.)

Nous avons dit qu'il fallait encore *idem jus.* D'après
Ulpien, l'on doit s'en rapporter à la réalité exacte et
ne pas se laisser égarer par de trompeuses apparences :
« *De eadem re agere videtur, et qui non eadem actione*
» *agat, qua ab initio agebat : sed etiam si alia expe-*
» *riatur, de eadem tamen re. Utputa si quis mandati*
» *acturus, cum ei adversarius judicio sistendi causa*
» *promisisset, propter eamdem rem agat negotiorum*
» *gestorum, vel condicat : de eadem re agit.* » (Dig., *De*
except. rei jud., L. 5.) Ainsi, après avoir été repoussé
dans la revendication d'un immeuble, le demandeur
ne pourra revendiquer la jouissance de ce même im-

meuble, s'il la réclame comme partie intégrante du
droit de propriété, ce que les commentateurs ont
appelé l'usufruit causal. Mais il pourra revendiquer
l'usufruit proprement dit, l'usufruit formel, sans
qu'on puisse lui opposer ce qui a été jugé sur la propriété : en effet, ce n'est pas le même droit qui a été
déduit dans les deux instances. Bien que l'usufruit
constitue en théorie un démembrement de la propriété, il peut facilement arriver, dans la pratique,
que si un titre n'a pu conférer la propriété, il a pu
transférer un droit d'usufruit.

II. — La seconde condition exigée pour que le
défendeur pût opposer l'exception *rei judicatæ* était
l'identité du titre de la demande, *eadem causa petendi.*
Les Romains faisaient, à ce sujet, une distinction entre
les actions réelles et les actions personnelles. Si celui
qui avait intenté une action réelle sans faire aucune
restriction reproduisait dans une nouvelle instance la
même demande à un autre titre, il était repoussé, parce
qu'il avait été jugé d'une manière absolue que la chose
ne lui appartenait pas. Ce danger n'existait pas dans les
actions personnelles. La même chose pouvant m'être
due plusieurs fois par la même personne pour des
causes différentes, le rejet de la prétention du demandeur, quand il s'agissait d'une créance, n'avait jamais
qu'un effet relatif : « *Actiones in personam*, dit Paul,
» *ab actionibus in rem hoc differunt : quod cum eadem*
» *res ab eodem mihi debeatur, singulas obligationes sin-*
» *gulæ causæ sequuntur, nec ulla earum alterius petitione*
» *vitiatur ; at cum in rem ago non expressa causa, ex*
» *qua rem meam esse dico, omnes causæ una petitione*
» *adprehendentur : neque enim amplius, quam semel res*

» *mea esse potest ; sæpius autem deberi potest.* » (Dig., *De except. rei jud.*, L. 14, § 2.)

Il existe cependant deux exceptions au principe d'après lequel on ne peut revendiquer deux fois la même chose contre la même personne.

Supposons d'abord qu'au moment où le demandeur revendique, deux causes distinctes lui aient conféré la propriété ; si, dans la formule de son action, il exprime qu'il entend agir en vertu d'une seule de ces causes, déclarant se réserver la possibilité de revendiquer plus tard en vertu de l'autre, il ne sera pas repoussé dans la seconde instance par l'exception *rei judicatæ.* Cette réserve se faisait au moyen d'une *adjectio* placée, suivant les uns, dans l'*intentio*, suivant d'autres dans une *præscriptio.* M. de Savigny (t. VI, app. XVII) enseigne que la cause était exprimée dans une *præscriptio : Ea res agatur de fundo mancipato.* Il pense même que, dans la seconde formule, on se bornait à mettre : *Ea res agatur de eadem re alio modo.* A l'appui de son opinion, il cite deux textes de Cicéron. Dans une lettre à Servius, il écrivait : « *Tamen* » *non parcam operæ et ut vos soletis in formulis, sic* » *ego in epistolis* DE EADEM RE ALIO MODO.* » Dans son traité *De finibus* (liv. V, § 29), il dit encore : » *Quæ cum Zeno didicisset a nostris : ut in actionibus* » *præscribi solet, de re eadem fecit alio modo.* » L'effet de l'*adjectio causæ* est nettement indiqué dans ce texte d'Ulpien : « *Si quis petat fundum suum esse, eo quod* » *Titius eum sibi tradiderit : si postea alia ex causa* » *petat, causa adjecta, non debet summoveri exceptione.*» (Dig., *De except. rei jud.*, L. 11, § 2.)

En second lieu, s'il survient au demandeur, postérieurement à une première revendication, une cause d'acquisition nouvelle, sa seconde action ne sera point paralysée par l'exception de la chose jugée ; le juge ne peut en effet statuer que sur l'état de choses présent : « *Si forte petiero fundum vel hominem, mox alia causa* » *nova post petitionem mihi accesserit, quæ mihi domi-* » *nium tribuat, non me repellet ista exceptio.* » (Dig., *De except. rei jud.*, L. 11, § 4.)

III. — La troisième condition exigée pour pouvoir invoquer l'autorité de la chose jugée, est l'identité des personnes. Il y a chose jugée quand une instance s'engage de nouveau sur la même question entre les mêmes personnes comparaissant avec les mêmes qualités. L'autorité de la chose jugée étant relative n'a pas d'effet vis-à-vis des tiers. Mais quelles sont les personnes que l'on doit considérer comme tiers ?

Les interprètes ont appelé *justus contradictor* la personne qui a reçu mandat, soit en vertu d'une convention, soit en vertu de la loi, de défendre à une action. La chose jugée à l'égard du *justus contradictor* l'est contre d'autres personnes ; le jugement rendu contre lui réfléchit contre ses mandants, de même que la sentence qu'il a obtenue leur profite. Toute personne qui n'a pas été, dans une instance précédente, liée par les actes d'un *contradictor legitimus* est un tiers et peut remettre en question la chose jugée.

Les textes nous font connaître trois cas dans lesquels la chose jugée contre le *contradictor legitimus* est jugée à l'égard d'autres personnes.

1° D'après la loi 27, § 1, *De liberali causa*, au Digeste, le patron était un contradicteur légitime dans les actions d'état. Le jugement rendu à son égard, qu'il déclarât *n individu affranchi ou ingénu, était réputé rendu à l'égard de tous les intéressés, sauf vis-à-vis d'une personne qui aurait, de son côté, prétendu aux droits de patronage.

2° Dans les questions de filiation légitime, tout ce qui était jugé pour ou contre le mari de la mère était jugé à l'égard de tous les intéressés (Dig., *De agn. et al. liberis*, L. 3).

3° Enfin, dans le cas où le testament tombait par suite de la *bonorum possessio contra tabulas* ou d'une *querela inofficiosi testamenti* dirigée contre l'héritier testamentaire, les esclaves affranchis et les légataires ne pouvaient pas renouveler le procès; ils avaient seulement le droit d'interjeter appel, si l'héritier ne l'avait pas fait.

En matière de *querela inofficiosi testamenti*, la décision rendue contre l'héritier était réputée commune même à d'autres personnes que les esclaves affranchis et les légataires (Dig., *De inoff. testam.*, L. 6 § 1).

Avant les réformes de Justinien, les obligations corréales et celles des fidéjusseurs étaient éteintes par une seule *litis contestatio*. Au point de vue de la chose jugée sur l'obligation elle-même, les parties devaient être confondues dans une seule unité. Les textes nous manquent sur ce point. Cependant Pomponius dit en parlant du débiteur principal et des fidéjusseurs : « Res » judicata secundum alterutrum eorum, utrique profi- » ceret. » (Dig., *De jurej.*, L. 42, § 3.) La même décision est évidemment applicable aux *correi debendi*. De même, les jugements rendus contre le débiteur principal ont dû être opposables aux fidéjusseurs, et les jugements rendus contre l'un des *rei* ont dû

être opposables aux autres. Il faut aussi admettre
que la chose jugée à l'égard des *correi stipulandi*
est toujours jugée à l'égard des autres. M. de Savigny (t. I, *Obl.*, p. 213, 222, 223) n'admet pas cette
dernière opinion ; il ne pense pas que le *correus promittendi* puisse, en plaidant, obliger son *correus*, et il
reconnaît seulement que le jugement rendu contre
l'un des *correi stipulandi* est opposable aux autres.

Plusieurs lois romaines, et notamment le texte de
Marcien, qui forme la loi 19 au Digeste, *Si servitus
vindicetur*, décident que l'effet de l'indivisibilité est de
rendre commun à tous les copropriétaires d'un fonds
servant ou dominant indivis le jugement rendu contre
un seul.

Le créancier hypothécaire n'est pas représenté par
son débiteur, car il a un droit réel, indépendant sur
la chose donnée en gage et que rien ne peut compro-
mettre en dehors de sa participation... *Creditor in
locum victi successisse non videbitur : cum pignoris con-
ventio sententiam præcesserit.* (Dig., *De except. rei jud.*,
L. 29, § 1.) Nous pensons qu'à Rome on n'appliquait pas dans toute sa rigueur la théorie qui accorde
au créancier hypothécaire un droit parfaitement indépendant : « *Præses provinciæ vir clarissimus jus pigno-*
» *ris tui exequentem te audiet. Nec tibi oberit sententia*
» *adversus debitorem tuum dicta, si eum collusisse cum*
» *adversario tuo, aut (ut dicis) non causa cognita, sed*
» *præscriptione superatum esse constiterit.* » (Cod., *De
pign. et hyp.*, L. 5.) La loi 63, au Digeste, *De re judicata*, considère la chose jugée contre le débiteur comme
opposable au créancier hypothécaire dans le cas où
celui-ci n'intervenant pas au procès, bien qu'il le

pût facilement et qu'il y fût même appelé, a tacitement consenti à être représenté en justice : « *Scientibus*
» *sententia, quæ inter alios data est, obest, cum quis de*
» *ea, cujus actio vel defensio primum sibi competit,*
» *sequenti agere patiatur : veluti si creditor experiri pas-*
» *sus sit debitorem de proprietate pignoris.* » Cette loi
n'infirme en rien notre principe qu'en général la
chose, jugée à l'égard du débiteur, n'a point d'effet à
l'égard du créancier hypothécaire. Car cette exception ne lui est point particulière et s'applique à tous
les ayant-cause, même à l'acheteur déjà entré en possession, lorsque cet acheteur, sachant bien que son
vendeur plaidait sur la question de propriété, n'est
pas intervenu au procès.

Sous le système formulaire, la chose jugée vis-à-vis
du *cognitor*, l'était également à l'égard du *dominus
litis.* Quant au *procurator*, qui était constitué non plus
avec des paroles solennelles, mais en vertu d'un simple
mandat, ou qui pouvait n'être qu'un simple gérant
d'affaires, il ne s'identifiait pas avec le *dominus litis.*
C'était lui, et non pas le *dominus litis*, qui était titulaire de la condamnation, en sorte que le droit du
maître n'était pas atteint par les actes du *procurator.*
Mais on distingua bientôt le *procurator præsentis* et
le *procurator absentis.* Le *procurator præsentis* institué
mandataire *ad litem* par le *dominus* devant le magistrat, en présence de l'adversaire, représenta le maître
comme le *cognitor.*

Sous Justinien, où il n'y eut plus de *cognitor*, il
suffit, pour que le *dominus litis* fût représenté par le
procurator, que celui-ci fût porteur d'un mandat publiquement constaté.

APPENDICE.

DE LA PREUVE DES ACTES DE L'ÉTAT CIVIL.

C'est à l'empereur Marc-Aurèle que revient l'honneur d'avoir tenté d'organiser à Rome les actes de l'état civil. Il ordonna à chaque citoyen de déclarer la naissance de ses enfants et de leur donner un nom dans le délai de trente jours de celui où chacun d'eux serait né. La déclaration devait se faire à Rome, devant le préteur; dans les provinces, devant un tabellion commis à cet effet. Marc-Aurèle se proposait de fournir une preuve destinée à établir la filiation dans les questions d'état.

Avant Marc-Aurèle, comment était constaté l'état civil de chaque citoyen romain?

Nous trouvons d'abord les registres du cens qui avaient pour but essentiel de dresser le cadastre, l'état des fortunes destiné à servir de base à l'impôt et de classification électorale. Les Romains y déclaraient leur domicile, leur âge, leurs noms, ceux de leurs femmes et de leurs enfants. Il y avait donc là quelque chose qui ressemblait à des registres de l'état civil.

Voulait-on constater l'âge d'un citoyen? on recourait au cens. S'élevait-il une question d'état? c'était encore aux registres du cens qu'on demandait des éléments de conviction. *Census nostros requiris*, dit Cicéron qui contestait au poète Archias son droit de cité (chap. V). Mais Cicéron s'empresse d'ajouter que ces registres fournissent à peine un commencement de preuve par écrit de la possession d'état. En effet, les tables du cens n'étaient pas des registres perpétuellement ouverts, encore moins étaient-ils dressées à des époques fixes. Le recensement ne fut souvent que partiel ; presque toujours on omit les absents.

Les municipes eurent aussi des registres où les noms de leurs habitants étaient inscrits. Les tribunaux romains accordaient à ces registres la même confiance qu'aux tables du cens. A Rome, le collège des préteurs fut, dans certaines circonstances, chargé d'inscrire les étrangers admis au nombre des citoyens. Cette inscription avait un caractère d'authencité, *obtinent publicarum tabularum auctoritatem*. Il était néanmoins permis d'en contester l'autorité en alléguant l'irrégularité des écritures et la négligence que les préteurs apportaient dans la tenue de leurs registres.

Les familles romaines semblent avoir conservé leur généalogie dans les *professiones parentum* que les jurisconsultes paraissaient entourer d'une grande considération. Cette expression n'a pas été traduite de même par tous les interprètes. Doneau (tit. VII, p. 1051) y a vu des extraits des registres publics établis par Marc-Aurèle, ou des déclarations nécessairement faites devant des préposés de l'empereur. Pothier croit à de simples dépositions de témoins. La loi 6, au Code, *De fide instrumentorum*, paraît les considérer comme des certificats dont la perte serait irréparable, *natali professione prædita*. Il ne faut donc voir dans les *professiones parentum* autre chose que des *rationes domesticæ*, des écrits privés, qu'on était libre d'élever par l'insinuation au rang de monuments publics.

A Rome, il n'existait donc pas de registres de l'état civil. Comment suppléait-on à cette lacune de la législation ? On remplaçait les registres de l'état civil par la preuve testimoniale ; par certains monuments publics faits au nom de la cité, mais qui ne pouvaient jamais fournir qu'une preuve indirecte, et enfin les écrits privés émanant de simples particuliers. Chaque citoyen tint à dresser l'arbre généalogique de sa *gens* et à léguer à ses descendants ces *stemmata* qui firent leur orgueil. Les registres domestiques de l'état civil furent peut-être la source et l'origine des *professiones parentum* qui, émanant du père, de la mère ou de l'aïeul, servaient à constater soit l'âge, soit l'ingénuité et même la filiation et la légitimité.

Nous allons étudier séparément les diverses questions d'état qui pouvaient se présenter sous la législation romaine.

§ 1. — *De la preuve du mariage.*

Le mariage n'était pas, à Rome, accompagné des solennités qui aujourd'hui l'entourent et attestent son existence à tous les intéressés. *Nuptias consensus facit.* La preuve du mariage se faisait en général par la possession d'état, et ce qui distinguait la femme légitime, l'*uxor*, de la concubine, c'était précisément cette différence de traitement, cette *individua vitæ consuetudo* réservée à l'épouse romaine. Cependant, dès l'époque classique, on commença à rédiger des *nuptiales tabulæ*, des *nuptialia instrumenta*. Des lois déjà anciennes au temps de Justin avaient prescrit les *instrumenta dotalia* comme une condition nécessaire des mariages inégaux. Cet empereur les abrogea.

Mais Justinien défendit à toutes personnes ayant un rang supérieur de se marier sans un *instrumentum dotale* (Nov. LXXIV, ch. IV). Il voulut encore que, pour tout autre citoyen d'une condition plus humble, excepté pour les laboureurs, les simples soldats et les pauvres, le mariage fût constaté par le *defensor ecclesiæ* assisté de trois ou quatre témoins choisis parmi les clercs. L'acte devait être déposé dans les archives de l'église.

En général, l'écriture ne fut pas nécessaire pour prouver le mariage ; des présomptions suppléaient à cet élément si important de preuve, et les époux avaient une dernière ressource dans le témoignage des personnes qui avaient assisté aux cérémonies religieuses accompagnant d'ordinaire le mariage. Les empereurs Théodose et Valentinien avaient admis qu'entre personnes de même condition, l'une et l'autre honorables, la vie commune devait emporter présomption de mariage (Cod., *De nupt.*, L. 22). Une constitution attribuée à Justinien ou à son prédécesseur Justin décida que la cohabitation ferait toujours présumer légalement le mariage, pourvu que les deux personnes fussent l'une et l'autre libres et ingénues (Dig., *De nupt.*, L. 23, § 7).

Si la confection d'un *instrumentum dotale* n'était pas nécessaire pour contracter mariage, il fallait, pour le rompre, un acte de répudiation par écrit.

Les fiançailles se prouvaient, comme le mariage, par toutes sortes de moyens (Dig., *De spons.*, L. 11, § 4).

§ 2. — *De la filiation légitime.*

La filiation légitime se prouvait :

1° Par les registres publics, s'il en existait de complets et dignes de foi. En tous cas ils fournissaient un commencement de preuve par écrit.

2° A défaut de registres de l'état civil, les *professiones parentum* étaient d'une grande autorité.

3° Pouvait-on invoquer la possession d'état d'enfant légitime? C'est probable. Sur cette question, les textes sont muets.

4° L'enfant pouvait se prévaloir d'une reconnaissance émanée de son père et signée de trois témoins, ou du testament paternel.

5° En dernier lieu venait la preuve testimoniale. Sur ce point nous trouvons des textes contradictoires. La loi 9, au Code, *De nuptiis*, admet la preuve par témoins : « *Si vicinis, vel aliis scientibus, uxorem libe-* » *rorum procreandorum causa domi habuisti, et ex eo* » *matrimonio filia suscepta est : quamvis neque nuptia-* » *les tabulæ, neque ad natam filiam pertinentes factæ* » *sunt, non ideo minus veritas matrimonii, aut sus-* » *ceptæ filiæ, suam habet potestatem.* » C'est-à-dire que l'enfant né, au vu et au su des voisins et autres personnes, d'une mère et d'un père mariés ensemble, est légitime, bien que son état ne soit prouvé ni par un acte de mariage, ni par une déclaration faite au moment de sa naissance sur des registres publics. Citons encore en ce sens la loi 6, au Code, *De fide in-*

strum. : « Statum tuum, natali professione prædita, mu-
» *tilatum non esse, certi juris est,* » et enfin la loi 15
§ 1, au Code, *De testibus,* qui décide que, pour prouver
sa cognation, cinq témoins sont nécessaires s'il n'y a
pas d'écrit, et trois seulement lorsqu'un écrit est rap-
porté : « *Requiruntur vero ad generis probationem testes*
» *quinque si desint instrumenta, vel tres, si illis instru-*
» *menta suffragentur.* »

D'un autre côté, on voit les jurisconsultes romains
se défier de la preuve testimoniale et la regarder
comme dangereuse : « *Soli testes ad ingenuitatis proba-*
» *tionem non sufficiunt,* » dit la loi 2, Cod., *De test.*

Il est facile de voir que ces différentes lois ne se
rapportent pas aux mêmes hypothèses. La loi 9, au
Code, *De nuptiis,* suppose que l'enfant a la possession
d'état de fille légitime. La loi 15 § 1, au Code, *De testi-*
bus, s'applique au cas où les écrits formant commencement de preuve ont été égarés ou détruits. Enfin la
loi 2, au même titre, énonce un principe général
d'après lequel la déposition des témoins en matière
de filiation doit être corroborée par la production des
titres.

§ 3. — *De la présomption de paternité.*

Pater is est quem nuptiæ demonstrant (Dig., *De in*
jus vocand., L. 5); tel est le principe duquel les Romains ont déduit la présomption de paternité du mari.
Mais, pour que cette présomption soit applicable, il
faut : 1° que la femme ait conçu ou pu concevoir pendant le mariage; 2° que la cohabitation ait été matériellement possible entre les époux à un moment

quelconque de la période à laquelle se réfère la conception.

Pour savoir si la femme a pu concevoir en mariage, les Romains ont dû fixer les limites extrêmes de la durée d'une grossesse. D'après les jurisconsultes, la gestation la plus courte est de cent quatre-vingts jours pleins, et la plus longue de trois cents jours pleins. Il en résulte que, né le cent quatre-vingtième jour qui suit celui du mariage contracté, ou le trois cent unième jour qui suit celui du mariage dissous, l'enfant n'a pas le bénéfice de la légitimité; il l'aurait eu, naissant le cent quatre-vingt-unième jour après le mariage ou le trois centième après la dissolution.

D'après Aulu-Gelle (*Noct. Attic.*, liv. III, ch. XVI), ce seraient les décemvirs qui auraient fixé à trois cents jours la plus longue durée de la gestation. Mais le même auteur rapporte que le préteur Papirius avait déclaré légitime un enfant né dans le treizième mois après le décès du mari, et cela parce qu'il ne voyait pas de délai déterminé par la loi. Comment admettre d'un préteur une pareille décision, s'il eût existé un texte formel dans la loi des Douze-Tables ? Il est probable que ces délais furent introduits par la jurisprudence, mais que, pour certains cas exceptionnels, une décision du magistrat ou du prince pût admettre des gestations supérieures à trois cents jours.

Que décidait-on dans le cas où une femme veuve convolait à de secondes noces et avant la fin de l'année de deuil accouchait d'un enfant qui, d'après la présomption légale sur la durée de la grossesse, pouvait appartenir soit au premier, soit au second mari ? Pouvait-on admettre cet enfant à prendre part dans

les deux successions, ou bien lui était-il permis de
faire choix d'un père? Il faut tout d'abord se garder
de l'opinion de certains auteurs qui, partant de l'impossibilité où était cet enfant de prouver sa filiation
d'une façon certaine, se sont crus autorisés à dire, en
argumentant par analogie de la loi 3 § 7, au Digeste,
De adim. vel transfer. leg., que cet enfant ne pouvait
se rattacher à aucun des deux maris de la mère. Ce
système est de la dernière injustice pour l'enfant, qu'il
écarte de deux successions, alors que pourtant l'union
dont il est sorti est parfaitement légitime, que ce soit
la première ou la seconde. Car le législateur, tout en
punissant la femme de n'avoir pas observé l'année
de deuil, n'a jamais qualifié cette seconde union de
nulle et d'illégitime.

Sur ce point, nous croyons préférable l'opinion de
Voët (*De his qui sui vel alieni juris sunt*, § 9) qui donne
le second mari pour père à l'enfant. En effet, l'impuis-
sance du premier mari déjà accablé par la maladie
qui devait l'emporter, la précipitation de la femme
à convoler à de secondes noces sont de puissants ar-
guments en faveur de la paternité du second mari.
Il a d'ailleurs commis une imprudence en contrac-
tant mariage avec une femme qui pouvait mettre au
monde un posthume, et par conséquent il ne saurait
se plaindre d'avoir à élever un enfant dont il prétendrait n'être pas le père.

§ 4. — *De la filiation naturelle.*

La preuve de la maternité se faisait à Rome par
titres, par la possession d'état, par la preuve testi-

moniale appuyée d'un commencement de preuve par
écrit. Les liens de la filiation n'existaient hors mariage qu'entre la mère et les enfants.

La preuve de la filiation naturelle résultait-elle de
l'aveu d'une femme qui se reconnaissait mère de tel
enfant? La loi 16, au Digeste, *De probationibus*, nous
semble décisive dans le sens de l'affirmative : « *Etiam*
» *matris professio filiorum recipitur.* » Il est, en effet,
raisonnable d'appliquer en notre matière cette règle
de bon sens, d'après laquelle l'aveu est la meilleure
des preuves, quand il émane précisément de la partie
qui aurait plutôt intérêt à ne pas le faire.

§ 5.— *De la légitimation, de l'adoption et de l'émancipation.*

Pour prouver la légitimation, il fallait nécessairement en reproduire l'acte. En effet, la légitimation
n'était possible que par mariage subséquent accompagné d'un *instrumentum dotale;* par oblation à la
curie, avec inscription sur les registres ; par rescrit
du prince ou par testament écrit, suivi d'un rescrit
du prince. Il n'y avait donc pas de légitimation sans
écriture.

De même, un écrit fut nécessaire pour prouver l'existence de l'adoption quand on arriva à substituer le
rescrit du prince ou un acte dressé devant le magistrat à l'intervention des comices et aux fictions de la
mancipation, de la manumission et de la *cessio in jure.*

Depuis Anasthase, l'émancipation s'accomplit au
moyen d'un rescrit impérial qui devait être insinué
par un magistrat compétent, c'est-à-dire transcrit
sur des registres publics. Justinien remplaça cette

forme d'émancipation par une simple déclaration faite devant le magistrat qui prenait acte du consentement des parties.

§ 6. — *De la preuve de l'affranchissement.*

La preuve de l'affranchissement variait, dans l'ancien droit, suivant la forme dans laquelle l'esclave avait été affranchi. Dans l'affranchissement *censu* et *testamento*, l'écriture s'imposait à la forme même de l'acte. Quant à l'affranchissement *vindicta*, il se prouvait par tous modes de preuve. Lorsque Constantin autorisa les affranchissements dans l'Église, il voulut qu'un écrit fût dressé pour tenir lieu d'acte, et qu'il fût revêtu du sceau des prêtres faisant fonction de témoins. Sous Justinien, les modes d'affranchissement deviennent nombreux, et nous voyons apparaître des titres prouvant l'affranchissement. Ainsi : 1° le maître renonce à son droit par lettre adressée à l'esclave et portant la signature de cinq témoins (Cod., *De lat. lib. toll.*, L. 1, § 1) ; 2° il appelle son esclave *filius* dans un acte public ou déclare l'adopter ; 3° il marie son *ancilla* avec un homme libre et la dote dans un acte écrit ; 4° devant cinq témoins il abandonne à l'esclave les titres qui constatent sa condition.

La preuve était donc facile dans ces nouvelles formes d'affranchissement ; quant aux autres modes, la preuve s'en faisait, soit au moyen de la déposition des cinq témoins qui figuraient dans l'affranchissement *inter amicos*, soit au moyen des registres de l'église, si l'esclave avait été affranchi par son entrée dans un ordre religieux, soit par les rôles de l'armée

ou les archives publiques, s'il avait obtenu la liberté
en s'enrôlant ou en recevant une dignité, soit enfin
par les tables du prétoire, si l'affranchissement avait
lieu au moyen d'une déclaration devant le magistrat.
La preuve écrite s'était donc à peu près substituée à
toute autre preuve.

Vu pour le droit romain.
M. PLANIOL.

DROIT FRANÇAIS

———— .

DE LA PREUVE TESTIMONIALE

————

ANCIEN DROIT

Quand l'empire romain s'écroula sous le choc des barbares, la législation, en matière de preuves, suivit le sort de toutes les institutions du monde ancien. Les barbares apportaient avec eux un droit nouveau. Ce fut ce mélange de puérilités et de superstitions qui remplaça l'édifice prodigieux des lois romaines. Les premiers modes de preuve employés par les lois et les coutumes barbares furent : le serment compurgatoire, les ordalies, le combat judiciaire.

Le serment compurgatoire était prêté par des parents, clients ou amis, qui venaient appuyer de leur autorité, de leur nombre et de leur serment la défense ou la demande d'un parent, d'un patron ou d'un ami. Ils venaient devant la justice, sous la foi du serment, se porter garants de la véracité de la personne qu'ils assistaient. Ils étaient douze, nombre emprunté aux croyances religieuses des barbares, suivant certains auteurs, à des coutumes locales suivant d'autres. Il faut croire que dans certaines circonstances ce nombre était dépassé ; car nous voyons Frédégonde, accusée d'adultère par Chilpéric, son mari, faire jurer par trois évêques et trois cents seigneurs qu'ils croyaient à la légitimité de l'enfant qu'elle avait mis au monde. Du jour où la preuve testimoniale proprement dite commença à jouir de la faveur qu'elle eut plus tard dans notre ancienne jurisprudence, le serment compurgatoire perdit de son importance et finit par dégénérer en serment de crédulité.

Les ordalies eurent une grande autorité et furent très populaires au moyen-âge. On appelle ainsi les épreuves juridiques connues sous le nom de *jugements de Dieu*. Les Germains pratiquaient déjà le duel judiciaire et le faisaient remonter jusqu'à Odin.

Quoique la loi salique soit muette sur ce point, il est certain que les Francs connurent de très bonne heure les épreuves par les éléments. Ces preuves superstitieuses auxquelles on eut d'abord recours, en ces temps de violence, pour échapper à la subornation et à l'intimidation des témoins, étaient, d'après Hotoman (*De feudis*, liv. IV, ch. xli), au nombre de sept : l'eau froide, l'eau bouillante, le feu, le fer ardent, le combat en champ clos, la croix, l'Eucharistie. Agobard, archevêque de Lyon, fut le premier à battre en brèche un système de preuves aussi déplorable. Le pape Innocent III fit décider par le quatrième concile de Latran, tenu en 1215, que le clergé s'opposait dans toute la chrétienté à l'usage de ces épreuves ; et défense expresse fut faite à tous les clercs de prêter leur ministère à l'emploi des ordalies.

De tout ce système de preuves il ne resta bientôt plus que le combat judiciaire. Gondebaud, le roi des Burgondes, l'avait encouragé, afin, disait-il, d'empêcher ses sujets de faire des serments ‹ ›des faits obscurs et de se parjurer.

Le combat judiciaire fut fort difficile à déraciner des mœurs de la noblesse, qui en regarda l'abolition comme une atteinte à son privilège des armes. La première tentative d'abolition fut faite par Louis le Jeune; dans son ordonnance de 1167, il restreignit le duel judiciaire aux causes excédant cinq sols. Saint Louis maintint cette ordonnance et fit un pas de plus en le défendant dans ses possessions directes pour les questions de meubles et d'héritages et pour la fausseté des sentences. Enfin Philippe le Bel, dans son ordonnance de 1296, commença par interdire les combats judiciaires en temps de guerre, et, en 1303, il les supprima complètement. Mais peu de temps après, les réclamations de la noblesse et la crainte de favoriser les duels le contraignirent de revenir, dans l'ordonnance de 1306, sur sa première décision. Cependant, ce mode de preuve disparut peu à peu de nos mœurs judiciaires, et le dernier vestige que l'on puisse trouver dans les décisions des cours de justice du royaume est un arrêt du Parlement de Paris qui autorisa, en 1386, le combat judiciaire entre deux bourgeois dans un procès en adultère.

La législation ne pouvait tolérer longtemps ces pratiques grossières et compliquées, œuvre de l'imagination d'un peuple encore enfant. L'usage de la preuve testimoniale entra ainsi dans les mœurs et s'y conserva avec la ténacité des traditions immémoriales, d'une façon d'autant plus durable, que nulle atteinte n'y fut portée pendant tout le long sommeil du moyen-âge.

Dans le chapitre XXXIX de ses *Coutumes de Beauvoisis*, Beaumanoir a donné un tableau de la législation de son temps en matière de preuves. Nous y voyons figurer huit genres de preuve : le serment, les lettres, les gages de bataille, les témoins, le record, l'aveu, l'expertise faite par le juge lui-même, les présomptions. C'était déjà un système assez savant.

Malgré le développement que prenait la preuve littérale et les avantages incontestables qu'elle présentait, on lui préférait généralement la preuve testimoniale. Ainsi, alors même que les parties avaient eu recours à l'écriture pour donner à leur volonté un caractère plus stable, si elles se *faisaient querelle en jugement* sur l'exécution de l'acte, le juge appelait des témoins pour découvrir la vérité. De là cet axiome que *tesmoins par vive voix destruisent lettres*, dont Bouteiller avait fait la rubrique de sa *Somme rurale*, où il écrivait : « Et se doit le juge plus arrêter à la dé-
» position des tesmoings qui de saine mémoire dépo-
» sent et rendent sentence de leur déposition que
» à la teneur de lettres qui ne rendent cause. »
(Tit. CVI.)

La pratique générale accordait toute créance à la preuve testimoniale, non seulement en matière de conventions, mais même pour constater l'existence d'un jugement ou d'une coutume. Les jugements n'étaient pas, en effet, constatés par écrit autrefois. La collection des *Olim*, c'est-à-dire des arrêts du Parlement de Paris, ne commence que dans la seconde

moitié du xiii° siècle. Jusque-là on avait foi, sans
doute, dans le respect que les parties portaient à la
justice et aux sentences prononcées. Mais si elles
étaient déniées, on se servait d'une procédure dite
record : c'était un appel fait au souvenir du juge et
des témoins.

La loi non plus n'était pas écrite ; ce n'était autre
chose que des coutumes sur lesquelles planait le plus
souvent une grande incertitude. Si l'existence d'une
coutume était mise en doute, on l'établissait au moyen
d'*enquêtes par turbes*. La Cour ordonnait qu'un con-
seiller se transportât dans la juridiction principale de
la coutume. Le commissaire faisait assembler les procureurs et praticiens du bailliage. Il leur donnait les
faits et articles, et les *turbiens*, après s'être convaincus
des réponses, lui envoyaient leur avis par un député
d'entre eux. La *turbe* devait être composée au moins
de dix témoins, et il en fallait nécessairement deux
pour établir un fait, chacune d'elles n'étant comptée
que pour un témoin. Dans l'ancien droit, en effet, la
déposition de deux témoins était nécessaire pour
former une preuve : *Testis unus, testis nullus.*

L'abus des faux témoignages, la multiplicité des
procès excitèrent enfin des réclamations nombreuses.
Le brocard célèbre : « Qui mieux abreuve, mieux
» preuve, » commençait à ne plus recevoir de con-
tradictions.

L'exemple vint d'Italie : le statut de la ville de Bo-
logne, approuvé en 1454, interdit la preuve testimoniale dans les contestations pour une valeur supérieure
à cinquante livres.

En France, la réforme ne s'opéra qu'au siècle suivant. Le Parlement de Toulouse envoya une députation aux États de Moulins pour demander au roi Charles IX une disposition législative restrictive de la preuve testimoniale. Le chancelier de l'Hospital fit droit à cette réclamation en insérant dans l'ordonnance de Moulins la disposition qui en forme l'article 54.

« Pour obvier, dit cet article, à la multiplication
» des faits, que l'on a vu ci-devant estre mis en juge-
» ment, sujets à preuve de témoins, et reproche
» d'iceux, dont adviennent plusieurs inconvénients,
» et involutions de procès : avons ordonné et ordon-
» nons que d'oresnavant de toutes choses excédans la
» somme ou valeur de cent livres, pour une fois
» payer, seront passez contrats par devant notaires et
» témoins, par lesquels contrats seulement, sera
» faite et reçue toute preuve esdites matières, sans
» recevoir aucune preuve par témoins, outre le con-
» tenu au contrat, ni sur ce qui seroit allégué avoir
» esté dit ou convenu avant icelui, lors et depuis. En
» quoi n'entendons exclure les preuves des conven-
» tions particulières, et autres qui seroient faites par
» les parties sous leurs seings, sceaux et écritures
» privées. »

L'ordonnance de Moulins opérait dans la législation un changement radical, qui ne laissait même pas aux parties le droit d'y déroger par une convention formelle.

Le brocard : « Lettres passent tesmoins, » avait fait son temps. Cependant la preuve testimoniale était encore bien enracinée dans les mœurs judiciaires. Cette innovation fut mal vue, mal accueillie, soule-

vant même chez les jurisconsultes d'amères récrimi-
nations, et l'on voit l'un d'eux, Boiceau, écrire au
lendemain de l'ordonnance de Moulins : « *Hæc Ca-*
» *roli IX regia sanctio plerisque visa est dura et odiosa*
» *juri contraria.* »

On finit cependant par comprendre quelle garantie
offrait pour la bonne administration de la justice
l'obligation légale imposée aux parties de constater à
l'avance les moyens de preuve dont elles pourraient
avoir un jour besoin pour faire reconnaître leurs droits
s'ils étaient contestés, et dont la permanence et l'inal-
térabilité donnaient pleine sécurité aux intérêts des
citoyens, en faisant disparaître les chances d'erreur
résultant de l'infidélité, de la mémoire ou même de
la corruption des témoins.

Un siècle après l'ordonnance de Moulins, Louis XIV,
dans sa grande ordonnance du mois d'avril 1667, sur
la procédure, reprit les règles posées par le chancelier de l'Hospital, les confirma et les développa. C'est
de là que le législateur du Code civil a tiré les art. 1341
et suivants qui vont faire l'objet de notre étude.

Le titre XX de l'ordonnance de 1667 portait pour
rubrique : *Des faits qui gisent en preuve vocale ou lit-*
térale. Voici le texte des quatre articles qui nous intéressent :

« *Article II.* — Seront passés actes par devant no-
» taires, ou sous signature privée, de toutes choses
» excédant la somme ou valeur de cent livres, même
» pour dépôts volontaires, et ne sera reçue aucune
» preuve par témoins contre et outre le contenu aux
» actes, ni sur ce qui serait allégué avoir été dit
» avant, lors ou depuis les actes, encore qu'il s'agit

» d'une somme ou valeur moindre de cent livres, sans
» toutefois rien innover pour ce regard, en ce qui
» s'observe en la justice des juge et consuls des mar-
» chands.

» *Article III.* — N'entendons exclure la preuve par
» témoins pour dépôt nécessaire en cas d'incendie,
» ruine, tumulte ou naufrage, ni en cas d'accidents
» imprévus, où on ne pourrait avoir fait des actes,
» et aussi lorsqu'il y aura un commencement de
» preuve par écrit.

» *Article IV.* — N'entendons pareillement exclure
» la preuve par témoins pour dépôts fait en logeant
» dans une hôtellerie, entre les mains de l'hôte ou de
» l'hôtesse, qui pourra être ordonnée par le juge,
» suivant la qualité des personnes et les circons-
» tances du fait.

» *Article V.* — Si dans une même instance la partie
» fait plusieurs demandes, dont il n'y ait point de
» preuve ou commencement de preuve par écrit, et
» que jointes ensemble elles soient au-dessus de cent
» livres, elles ne pourront être vérifiées par témoins,
» encore que ce soit diverses sommes qui viennent de
» différentes causes et en différens temps, si ce n'était
» que les droits procédassent par succession, dona-
» tion, ou autrement de personnes différentes. »

L'ordonnance de Moulins et celle de 1667 ont été
conçues dans le même esprit. Elles concordent en ce
qu'il est ordonné par l'une et par l'autre que de toutes
choses excédant la somme ou valeur de cent livres il
sera passé acte devant notaire ou sous signature privée, et en ce qu'elles ont défendu l'une et l'autre la
preuve par témoins, outre le contenu aux contrats ou

aux actes sur ce qui serait allégué avoir été dit avant, lors ou depuis.

Quant aux additions ou modifications que l'ordonnance de 1667 a apportées à celle de Moulins, il est bon de les signaler rapidement.

1° En 1566, le législateur avait dit : « De toutes » choses... . seront passés *contrats*..... » On en avait conclu à tort que les actes qui n'étaient pas des contrats, comme les paiements, échappaient à la règle prohibitive de l'ordonnance. En 1667, pour réformer cette interprétation, au mot *contrat* fut substitué le mot *acte,* dont la portée est générale.

2° Bien que l'ordonnance de Moulins eût ordonné de passer contrat de toutes choses excédant cent livres, et que le dépôt fût un contrat, on avait douté que le dépôt volontaire fût soumis à cette règle : « La raison » de douter, dit Pothier [Obl., n° 786], était qu'on ne » fait pas ordinairement d'acte par écrit de dépôts ; » que celui qui prie son ami de se charger de la garde » des choses qu'il lui confie n'ose pas ordinairement » demander une reconnaissance à ce dépositaire, qui » ne se charge de ce dépôt que pour lui faire plaisir..... » Quelques arrêts, avant l'ordonnance de 1667, » avaient aussi admis la preuve par témoins des prêts » à usage, parce que ce prêt, de même que le dépôt, » se fait ordinairement entre amis, sans en retirer de » reconnaissance par écrit. » L'ordonnance de 1667, malgré ces motifs, décida expressément que le dépôt ne pouvait se prouver par témoins, conformément à la règle générale. L'ordonnance ne statue pas directement sur le prêt à usage, mais il est incontestable qu'elle s'y applique comme au dépôt.

3° L'ordonnance de 1667 a excepté de sa règle le dépôt nécessaire, ce qu'avait oublié de faire l'ordonnance de Moulins.

4° Quand des écrits ont été rédigés, l'ordonnance de 1667 ne se contente pas, comme celle de 1566, de prononcer la prohibition de la preuve testimoniale outre le contenu aux actes, elle la prononce aussi contre ce même contenu, et encore qu'il s'agisse d'une somme ou valeur moindre de cent livres.

5° L'ordonnance de 1667 ajoute que lorsqu'il y aura un commencement de preuve par écrit, la preuve par témoins sera reçue : celle de Moulins n'avait pas fait cette restriction en termes si précis, mais n'excluait pas aussi la preuve des conventions sous signature privée.

6° L'article 5 de l'ordonnance de 1667 a tranché une question que celle de Moulins avait laissée indécise, celle de savoir si la preuve par témoins est admissible quand une personne, par un seul exploit, fait demande de plusieurs sommes dont aucune n'excède celle de cent livres.

7° Enfin, l'ordonnance de 1566 n'avait rien dit expressément pour exempter les juridictions consulaires des règles nouvelles sur la limitation de la preuve testimoniale; l'ordonnance de 1667 a comblé cette lacune.

Tel était le dernier état de la jurisprudence quand la Révolution éclata. La période intermédiaire ne fit pas faire un pas à la législation en matière de preuve testimoniale.

Le Code reproduit presque mot pour mot, dans son article 1341, l'article 2 de l'ordonnance de 1667, et la seule différence un peu sensible qu'il y ait entre les deux textes est que le Code porte défense de faire entendre des témoins pour une valeur de plus de 150 francs, tandis que l'ordonnance les admettait jusqu'à 100 livres. C'est une aggravation ; car, de nos jours, 150 francs ne font pas les 100 livres du temps de l'ordonnance. Du reste, l'usage de l'écriture s'étant fort répandu, et se vulgarisant tous les jours, explique, et, au besoin, justifie une sévérité plus grande dans l'admissibilité de la preuve par témoins.

Telle est, à grands traits, l'histoire bien incomplète de la preuve testimoniale dans l'ancien droit. Nous allons aborder l'étude du Code civil sur cette matière.

DROIT CIVIL

CHAPITRE I.

ADMISSIBILITÉ ET PROHIBITION DE LA PREUVE TESTIMONIALE EN GÉNÉRAL.

Généralités.

Les rédacteurs du Code civil se sont approprié, en la complétant, l'œuvre qu'avait entreprise l'ordonnance de Moulins, et qu'avait continuée l'ord.... ance de 1667. Malgré l'avis contraire de Toullier (vol. IX, n° 19) et de M. Bonnier (n° 111), nous pensons qu'aujourd'hui l'exclusion de la preuve testimoniale constitue le principe, et l'admissibilité l'exception.

Nous ne savons pas, d'ailleurs, jusqu'à quel point les deux auteurs qui ont adopté l'opinion contraire s'en sont tenus au principe qui, d'après eux, règle la matière. Car M. Bonnier, qui semble donner la prépondérance à l'admissibilité de la preuve testimoniale, signale à chaque page cette même admissibilité comme une exception. Toullier, de son côté, reconnaît que la prohibition devient règle générale pour tous les cas qui, de près ou de loin, peuvent se rattacher à l'exception, soit par une conséquence directe des termes de la loi, soit même par des motifs d'analogie, sorte d'argument qui convient moins à une exception qu'à une règle générale.

Nous reconnaissons volontiers que, dans une société où l'écriture est peu répandue, que dans une civilisation primitive où règne la bonne foi, la loi ne puisse exiger, en toute affaire un peu importante, une preuve littérale et soit obligée de permettre le témoignage oral. Mais, de nos jours, les choses ont changé de face : la preuve littérale, comme la preuve testimoniale, a la consécration d'une longue pratique ; il faut examiner leur valeur intrinsèque, et se demander ensuite si le Code a méconnu ou sanctionné les données de la raison. A ne tenir compte que des travaux préparatoires du Code, à lire l'exposé des motifs de Bigot-Préameneu (Fenet, t. XIII, p. 301), et les discours prononcés par Jaubert au Tribunat (p. 396) et par Mouricault au Corps législatif (p. 445), on dirait que l'unique préoccupation des législateurs a été de mettre un terme aux abus que produisait, dans l'ancienne jurisprudence, la fréquence des faux témoignages. Mais nous démontrerons qu'à cet inconvénient il faut en ajouter un autre non moins considérable : la multiplicité des procès. Le Code a été très sévère pour la preuve testimoniale ; c'est ainsi que nous le voyons prescrire impérieusement, dans certains cas, la rédaction d'un écrit, et rejeter entièrement la preuve testimoniale. C'est ainsi qu'*en toutes choses* il veut que les parties se munissent d'une preuve littérale, et qu'enfin, s'il autorise la preuve testimoniale, il a le soin de faire voir combien cette concession est exceptionnelle.

La question d'admissibilité ou de rejet de la preuve

testimoniale est une question de droit, dont la solution erronée peut donner ouverture à cassation. Il n'en est pas de même de la pertinence des faits allégués et de la suffisance des témoignages produits, toutes questions de pur fait, abandonnées à la décision souveraine des tribunaux et des Cours d'appel.

Si la preuve testimoniale n'est pas prohibée et que les faits soient pertinents, les juges ont le droit d'ordonner d'office une enquête (art. 253 C. pr. civ.); d'un autre côté, lorsque la preuve testimoniale est demandée, ils ne sont pas forcés de l'admettre. Ils peuvent fonder leur décision et leur conviction sur les autres documents que la cause présente; mais il ne leur serait point permis de se dispenser d'ordonner une enquête en se basant sur la connaissance personnelle qu'ils auraient des faits en litige. Autrement, ils rempliraient le rôle de témoins, et non l'office de juges.

Il faut, en matière civile, une enquête spéciale faite en présence de la partie contre laquelle il est nécessaire de diriger la preuve d'un fait. On ne saurait, en effet, lui opposer une enquête à laquelle elle n'aurait été ni appelée ni représentée.

Notre législation n'exige plus, comme la loi romaine et la jurisprudence ancienne, un nombre déterminé de témoins. La règle *testis unus, testis nullus*, a disparu avec raison de notre droit. Il se peut, en effet, qu'un seul témoin soit plus digne de foi que plusieurs ensemble.

Le principe: *tempus regit actum*, s'applique à l'admissibilité de la preuve testimoniale. C'est, en effet, la loi en vigueur au moment même de l'accomplisse-

ment du fait juridique que les magistrats ont le devoir
de consulter et de respecter. Dans un arrêt célèbre du
16 août 1831 (Sir. 31, I, 404), la Cour de cassation
a décidé « que le mode de preuve d'une convention
» ne tient point à la forme de procéder ; qu'il se rat-
» tache essentiellement au fond : que, par conséquent,
» c'est la loi du temps où les parties font remonter
» cette convention qui doit être consultée ».

Tels sont les principes généraux qui régissent la
matière ; entrons maintenant dans l'explication dé-
taillée des articles 1341 et suivants.

SECTION I.

PRINCIPES DE L'ARTICLE 1341.

L'article 1341 pose deux principes généraux que
nous allons successivement étudier : le premier est
« qu'il doit être passé acte, devant notaires ou sous
» signature privée, de toutes choses excédant la somme
» ou valeur de cent cinquante francs » ; le second,
« qu'il n'est reçu aucune preuve par témoins contre
» et outre le contenu aux actes ».

§ 1. — *Premier principe.*

La loi veut qu'il soit toujours passé un acte constatant les obligations, et destiné à en faire la preuve.
Telle est la règle de l'article 1341. Les exceptions sont
nombreuses ; l'article lui-même en formule une première : c'est que la preuve peut être testimoniale

quand le montant de l'obligation n'est pas supérieur à 150 francs.

Pourquoi la loi n'a-t-elle admis à prouver par témoins que les obligations dont le montant est inférieur à 150 francs ? Trois motifs l'ont déterminée.

D'abord, la défiance contre les témoins vient de la facilité plus ou moins grande qu'ils pourraient avoir à se laisser corrompre.

Il est facile de voir à quels dangers on s'exposerait en faisant dépendre les plus grands intérêts du témoignage de personnes privées, dont la mémoire peut toujours être infidèle, et dont la bonne foi même pourrait souvent être suspecte. Les juges eux-mêmes seraient impuissants à discerner la vérité au milieu de témoignages contradictoires, constamment suspects d'erreur, de fausseté et de corruption. Du moment que tout devient une question de preuve testimoniale, tout est, par cela même, abandonné à l'incertitude, au hasard, à la fraude et au dol. Il n'y a plus ni sécurité ni garantie pour la fortune des citoyens. Il n'est aucune prétention, si injuste qu'elle soit, qui ne puisse prévaloir à l'aide de témoins corrompus et apostés, l'intérêt même du débat servant de solde à la subornation et d'aliment au mensonge. Si la prudence et la sagesse du juge peuvent rassurer quelquefois, il n'en est pas moins vrai que l'exercice de ce pouvoir arbitraire vient lui-même aggraver le péril. Entre autres faits qui démontrent le peu de foi que méritent les enquêtes, nous citerons une anecdote que racontait M. Boncenne. Il avait plaidé dans un procès dans lequel il s'agissait de savoir si la fenêtre d'une tour en ruine avait été ouverte depuis plus ou depuis moins d'un

an et un jour. Sur vingt-quatre témoins, douze soutiennent qu'elle a été ouverte, douze qu'elle ne l'a pas été. Ce
sont les premiers qui l'emportent. Plus tard, M. Boncenne, se trouvant par hasard auprès de la masure
qui avait donné lieu au procès, causait avec un paysan
des circonstances de l'enquête. « Douze témoins, dit-il,
ayant assuré ce que les douze autres niaient, il y a eu
nécessairement douze menteurs. — Douze, répéta le
paysan, vous pouvez bien dire vingt-quatre. — Vingt-
quatre ! s'écria l'avocat abasourdi. — Oui, monsieur,
vingt-quatre, puisque la tour était alors telle qu'elle
est à présent, et qu'elle n'a pas de fenêtre, comme
vous voyez. » Il est peu probable qu'une tentative de
corruption couronnée de succès soit faite pour une
somme aussi minime que 150 francs ; on peut croire
que suborner les témoins coûterait plus que perdre
le procès.

En second lieu, si la loi oblige les personnes illet-
trées à recourir au ministère d'un officier public, cette
nécessité, qui ne provient que d'un défaut de savoir,
ne saurait motiver aucune distinction ni exception à
l'égard de personnes que leur ignorance même rend
plus dignes de la protection de la loi. Il ne fallait donc
pas contraindre les contractants à recourir au notaire
pour des obligations aussi peu importantes, et leur
imposer des frais qu'il serait dur d'exiger des personnes qui ne savent pas écrire.

Enfin, en prohibant la preuve testimoniale au-dessus
de 150 francs, le législateur n'a pas eu seulement en
vue la crainte de la subornation des témoins, il a voulu
aussi restreindre autant que possible le nombre des
petits procès. En effet, d'après l'article 1346, « toutes

» les demandes, à quelque titre que ce soit, qui ne
» seront pas entièrement justifiées par écrit, seront
» formées par un même exploit, après lequel les
» autres demandes dont il n'y aura point de preuves
» par écrit ne seront pas reçues. » Or, on voit que
notre article 1346 tend seulement à restreindre le
nombre des procès, à combiner plusieurs procédures
en une seule et à obtenir ainsi une prompte expé-
dition des affaires. Si la loi ne s'était proposé, dans
l'article 1346, que de protéger le principe posé dans
l'article 1341 et garanti par l'article 1345, elle n'aurait exigé la réunion que pour les demandes qui ne peuvent pas se prouver par témoins, et elle aurait laissé en
dehors de la règle : les droits qui reposent sur un commencement de preuve par écrit ou pour lesquels un titre
a été impossible ; tous ceux dont la réunion ne dépasse
pas 150 francs, et enfin ceux qui, dépassant 150 francs
par leur réunion, peuvent encore se prouver par témoins parce qu'ils proviennent de personnes diverses.

Pour que la preuve par témoins soit admissible, la
valeur de la chose ne doit pas excéder 150 francs,
avons-nous dit. Comment déterminer cette valeur ?
Afin de résoudre la question de savoir si l'on se trouve
dans la limite pécuniaire au delà de laquelle la
preuve testimoniale n'est plus admissible, on doit,
sans s'arrêter au montant de la demande, s'attacher à
l'objet de la convention ou du fait juridique qui a servi
de base à l'action (Cass. 5 janvier 1875, Sir. 75, I, 72),
ce qui peut se résumer dans cette double formule :
1° il ne faut point considérer le chiffre de la demande,
fût-elle inférieure à 150 francs, si l'objet même de la
convention était primitivement supérieur à ce chiffre ;

2° il suffit de se reporter à l'époque où s'est passé le fait qu'on veut judiciairement constater, sans avoir à considérer le moment où s'élève la contestation.

La première partie de cette formule trouve son application dans l'article 1343 : « Celui qui a formé une » demande excédant cent cinquante francs ne peut » plus être admis à la preuve testimoniale, même en » restreignant sa demande primitive. » Il était nécessaire de porter cette prohibition comme sanction à l'article 1341, qui, sans elle, aurait pu être impunément violé, toutes les fois que le demandeur aurait consenti à faire un sacrifice pour ne pas perdre la totalité de sa demande. La règle est qu'il faut un écrit « de toutes choses excédant la somme ou valeur de » cent cinquante francs. » L'écrit n'ayant pas été dressé au temps de la naissance de l'obligation, il est juste que cette obligation soit strictement régie par l'article 1341, et qu'elle ne puisse être prouvée par témoins.

En vertu du même principe, la preuve testimoniale ne saurait être invoquée à l'appui d'une demande ayant pour objet 150 francs, lorsqu'il résulte des déclarations du demandeur ou des dépositions des témoins que cette somme est le reliquat ou fait partie d'une créance plus forte qui n'est pas prouvée par écrit (art. 1344) : par exemple, la demande est faite par deux héritiers entre lesquels s'est divisée la créance primitive, supérieure à 150 francs, 200 francs par exemple : ils seront éconduits, car la demande fait partie d'une créance plus forte qui n'est point prouvée par écrit.

Nous admettons cependant, après Pothier (*Obl.*,

n° 756) et Toullier (vol. IX, n° 46), que si partie d'une créance de plus de 150 fr. a été payée déjà, et qu'il y ait promesse nouvelle du débiteur de payer le reliquat moindre que 150 fr., cette seconde convention peut être prouvée par témoins, car elle ne dépasse pas le chiffre prévu par la loi; il y a là, en effet, une novation qui donne naissance à une nouvelle obligation.

Il résulte de la seconde partie de la formule énoncée plus haut que la preuve testimoniale est admissible si l'objet qui forme la matière de la convention est d'une valeur inférieure à 150 fr., quoique l'objet de la demande soit supérieur à ce chiffre. Qu'il s'agisse, par exemple, d'une société où les mises réunies n'excèdent pas 150 fr.: chaque associé sera admis à prouver, par témoins, l'existence de cette société, alors même qu'il réclamerait pour sa part dans les bénéfices une somme excédant ce chiffre.

Les auteurs ont été longtemps contraires à l'opinion que nous exprimons; mais des arrêts récents et de nouveaux auteurs ont fini par consacrer cette doctrine (Cass. 5 janvier 1875, Sir. 75, I, 72; Req. 5 janvier 1877, Dall. 77, I, 39; Aubry et Rau, t. VIII, p. 306).

Quel est, en effet, le motif qui a déterminé le législateur à affranchir de la règle principale de l'article 1341 les choses d'une valeur moindre de 150 fr.? Si la pensée prédominante des rédacteurs du Code a été la crainte de la subornation des témoins, nous devons décider avec MM. Bonnier (n° 118) et Marcadé (art. 1341, II), que la preuve testimoniale doit être repoussée lorsque, soit à l'époque de la convention,

soit à celle du procès, la valeur de la chose a dépassé
150 fr. « On se reporte au passé, dit Bonnier, parce
» que le vœu de la loi est qu'on s'assure une preuve
» stable; on s'attache au présent, parce qu'il ne faut
» pas perdre de vue non plus le danger de la corrup-
» tion des témoins. » Mais, pour nous, le Code,
comme l'ordonnance de 1566, a voulu surtout mettre
fin aux procès par la fixité des preuves. Et il s'est assez
peu embarrassé de la subornation des témoins,
puisque, malgré ce danger, la preuve testimoniale est
toujours admissible lorsqu'il n'a pas été possible au
créancier de se procurer une preuve écrite (art. 1348).
Cette disposition montre bien que la prohibition de
la preuve testimoniale n'est, en définitive, que la
sanction de l'obligation légale de se pourvoir d'une
preuve littérale.

La rédaction de l'article 1341 est en harmonie avec
l'intention du législateur. Il n'y est pas dit que la
preuve testimoniale est exclue au delà de 150 fr.,
mais qu'il doit être passé acte de toutes choses
excédant 150 fr. : « Or, dit M. Colmet de Santerre
» (V, n° 315 bis. x), puisque la loi donne une règle
» sur la rédaction de l'acte, elle ne peut se préoccu-
» per des faits qu'à la date de cette rédaction, et ce
» serait faire une disposition prépostère que de dire :
» un acte sera rédigé aujourd'hui si la chose dont il
» s'agit dans cet acte vaut plus de 150 fr. un an après
» la rédaction de cet acte. » (Larombière, art. 1342,
n° 1; Aubry et Rau, VIII, p. 309.)

La valeur de l'objet de la demande doit être ap-
préciée, non seulement en elle-même, mais dans les
conséquences juridiques qui en découlent, et il faut

prendre en considération les prestations accessoires comme les prestations principales. Ainsi, d'après l'article 1342, la limite légale est outrepassée lorsque l'action contient, avec la demande du capital, une demande d'intérêts qui, réunis au capital, excèdent la somme de 150 francs.

C'est à la valeur réelle de l'objet que les juges doivent avoir égard, et non à la valeur que le demandeur a fixée, pour savoir si la preuve par témoins peut être administrée. Si l'objet de la demande est indéterminé, le tribunal, en vertu de son pouvoir discrétionnaire, l'apprécie; car, dans cette circonstance, il est expert de droit, sauf, s'il le juge nécessaire, à recourir à une expertise ordinaire.

L'article 1345 permet cependant d'administrer la preuve testimoniale même en faveur de demandes dont la réunion forme une valeur supérieure à 150 fr., lorsque ces obligations ont été contractées par diverses personnes et se sont réunies sur une seule tête, par succession, donation, etc. L'espèce est facile à construire: Primus, créancier de Secundus pour une somme de 80 fr., hérite de Tertius, qui était lui-même créancier de Secundus pour une autre somme de 80 fr. Primus pourra prouver par témoins l'existence des deux créances, bien que leur montant dépasse 150 fr.; en effet, il eût été injuste de le punir d'une faute qu'il n'a pas commise en ne dressant pas d'écrit pour constater une obligation qui était inférieure à 150 fr. quand elle a pris naissance, et il ne doit pas non plus supporter les conséquences du fait de Tertius, qui, devenant créancier de Secundus pour une somme inférieure à 150 fr., n'a, comme de juste, pas pris la précaution de demander un écrit. De même, si deux héritiers trouvaient dans la succession de leur auteur une créance de plus de 150 fr., qui, se divisant entre eux, les rend l'un et l'autre créanciers de 80 fr. par exemple, ils ne pourraient faire par témoins la preuve de leur créance respective, car ils souffrent de la faute du *de cujus*, qui n'a pas satisfait à la loi, en négligeant de faire dresser l'écrit exigé par l'article 1341.

La disposition de l'article 1345 aurait été vaine si la loi n'y eût apporté la sanction écrite dans l'article 1346, que nous avons déjà cité.

Cet article a, nous l'avons vu, un double but : donner une sanction à l'article 1345 et obvier à l'inconvénient résultant de la multiplicité des petits procès.

Quelques commentateurs, prenant au pied de la lettre le § 1er de l'article 1347, où il est dit : « Les » règles ci-dessus reçoivent exception lorsqu'il existe » un commencement de preuve par écrit, » ont pensé que cette exception s'appliquait à l'article 1346, et que, s'il se produisait des demandes appuyées d'un commencement de preuve par écrit, elles pourraient être formées par des exploits différents.

On ne peut admettre qu'une contradiction aussi grave existe dans deux articles successifs. En effet, la généralité des termes de l'article 1346 est absolue et domine la matière d'une façon complète ; de plus, les expressions : « *qui ne seront pas entièrement justifiées* » *par écrit*, » doivent être traduites ainsi : « *dont il* » *n'existera point une preuve littérale complète*, » et alors l'hypothèse d'un commencement de preuve par écrit ne se trouve plus sous le texte de l'article 1346

(Aubry et Rau, t. VIII, p. 315, n° 42). Enfin, si l'article 1347, par un léger vice de rédaction dans la généralité de ses termes, cause cette contradiction apparente, cela vient de ce que, l'article 1316 ayant été rédigé après les articles 1347 et 1348, et inséré dans le Code après eux, les rédacteurs ont oublié de le soustraire à l'influence des textes déjà écrits (Fenet, II, p. 196).

§ 2. — *Second principe.*

La preuve testimoniale n'est pas reçue contre et outre la teneur de l'acte, ni sur ce qui est dit avoir été convenu lors, avant ou depuis, peu importe que la valeur de la chose excède ou non 150 francs.

Cette disposition présente une utilité pratique incontestable : elle donne à tous les actes écrits la force et la certitude de la stabilité.

Elle a en outre le mérite d'être conforme aux désirs des parties. Ceux, en effet, qui ont pris soin de satisfaire aux vœux de la loi et de rédiger leurs conventions, ont entendu par là les faire certaines, nettes et définitives ; il est donc juste qu'ils reçoivent de cette même loi le secours qu'elle leur donne, en mettant leurs actes à l'abri des clauses aléatoires que l'admission de témoignagnes postérieurs aurait pu lui faire courir.

Notre second principe engendre donc deux prohibitions distinctes :

1° On ne peut combattre les omissions et les inexactitudes réelles ou simulées d'un écrit authentique ou sous seing privé à l'aide de la preuve testimoniale ; ses énonciations, pourvu qu'elles soient de celles (1319-

1322) ;dont l'écriture fait foi, demeurent à l'abri des déclarations orales postérieures.

2° La loi interdit également aux parties d'apporter la preuve orale pour établir qu'il résultait des pourparlers antérieurs à l'acte, ou des conventions qui l'auraient suivi, qu'un accord s'est fait entre elles afin de modifier en quelque chose la signification et la portée de l'écrit.

Ces deux prohibitions se justifient facilement. Comment le but que les parties se sont proposé en rédigeant un acte serait-il atteint, si, d'une part, il était permis d'en contester la sincérité à l'aide de simples témoignages, et si, d'autre part, il était loisible de chercher à établir par témoins des modifications verbales qu'on prétendrait avoir été apportées après coup ?

Ne semble-t-il pas, au contraire, que les paroles échangées avant, pendant ou après la passation de l'acte, doivent être, en présence du silence de l'écrit, considérées comme étant restées à l'état de simples propositions, abandonnées ou indéfiniment ajournées? Il ne faut donc pas que les faits dont on demande à administrer la preuve par témoins soient en contradiction avec les énonciations dont les actes authentiques ou sous seings privés font par eux-mêmes pleine foi. Ainsi, le débiteur ne sera pas reçu à justifier par témoins l'adjonction d'un terme pour le paiement, terme dont il ne serait nullement question dans l'acte. Aucune des parties ne pourra établir par témoins qu'un certain lieu a été désigné pour le paiement si l'acte n'en parle pas ; une stipulation d'intérêts ne sera pas susceptible d'être prouvée par témoins à l'occasion d'un prêt dont le capital seul est mentionné dans l'écrit.

Il ne faut pas cependant aller au delà du texte; s'il n'admet pas que l'on puisse attaquer un écrit par la preuve testimoniale, ni ajouter à son contenu, en prouvant par témoins que l'acte devrait avoir une teneur différente ou plus d'étendue, il ne défend pas du moins d'établir à dire de témoins que telle clause obscure doit avoir une interprétation dont on était convenu ; il permet d'expliquer la convention rédigée, en ce qu'elle a d'obscur, et de préciser ce que l'écrit aurait laissé dans le vague (Rennes, 5 décembre 1879, Dall. 81, II, 218). Il a été jugé par la Cour de cassation (23 janv. 1837; Dall., *Rép. de lég.*, v° PRESCRIPTION CIV., n° 882) qu'à défaut de mention expresse dans un acte de vente des dépendances d'un immeuble, on était autorisé à offrir de prouver ces dépendances par témoins. (Conf. rejet 19 mai 1872, Dall. 72, I, 254, et Laurent, n° 479.)

Nous pensons même avec Danty (ch. IX, n° 9) qu'on pourrait prouver par témoins le lieu où une convention écrite a été faite : c'est là une circonstance étrangère à l'acte même, que rien n'obligeait les parties à mentionner, et qui peut être prouvée de toutes façons, si l'un des intéressés y ajoute quelque importance. On ne peut dire que ce soit prouver outre l'acte, c'est prouver en dehors de l'acte un fait auquel l'écrit est demeuré étranger.

Le second principe de l'article 1341 ne s'oppose pas à l'admission de la preuve par témoins des faits qui ne sont pas en contradiction avec les énonciations de l'acte instrumentaire, et qui, d'un autre côté, n'ajoutent rien à sa teneur, bien que s'y rapportant d'une façon plus ou moins directe. Tels sont les faits d'exécution d'une obligation, les actes de renonciation à un droit, d'extinction d'une créance.

Ainsi donc le paiement total ou partiel d'une dette peut être prouvé par témoins à la condition qu'il ne dépasse pas 150 fr., car c'est un fait nouveau et distinct de l'engagement. Il en est de même de la renonciation à une créance inférieure à 150 francs.

Nous croyons, *a fortiori*, que l'on peut prouver par témoins l'extinction d'une obligation, fût-elle supérieure à 150 fr., quand elle s'éteint par l'arrivée d'un fait nouveau, tel que la compensation, la confusion, la perte de la chose due, la condition résolutoire, le terme extinctif, ou la prescription. Ce sont là des faits nouveaux, indépendants de l'acte et de sa rédaction, et il serait injuste de ne pas en tenir compte, puisque les parties n'ont pu les prévoir. Dans les cas de dol et de fraude, on peut prouver par témoins contre et outre le contenu aux actes (Cass. 28 juin 1881, Sir. 82, I, 105).

L'article 1341 n'est pas applicable aux tiers, qui peuvent toujours recourir à la preuve testimoniale, afin de combattre des allégations mensongères contenues dans un acte où ils n'ont pas été parties. Jugé ainsi par la Cour de cassation, le 5 janvier 1831 (Sir. 31, I, 18), à l'égard des dispositions d'un contrat de mariage tendant à éluder les droits des réservataires.

Faut-il compter l'administration de l'enregistrement comme un de ces tiers qui peuvent apporter la preuve testimoniale contre des actes qu'ils prétendent simulés? Pourrait-elle, en un mot, prouver par témoins

que l'acte contient une obligation plus grande que
celle qui a été déclarée, et demander, en conséquence,
des droits plus élevés que ceux qu'elle a perçus ? Une
distinction entre les droits d'acte et les droits de mutation est nécessaire. Pour les premiers, la perception
portant sur l'acte et non sur la convention, l'écrit doit
être pris pour ce qu'il est en apparence. Quant aux
seconds, il est de principe que la régie est admise à
rechercher la véritable importance de la mutation.

Mais la législation fiscale n'admet point ici toute
espèce de preuve pour démontrer la fraude faite aux
droits du Trésor. Au cas de mutation immobilière, la
loi du 22 frimaire an VII établit un mode spécial
d'expertise afin de constater la valeur des immeubles
objet de la mutation. La Cour de cassation a fini par
décider qu'au cas de mutation mobilière, les moyens
du droit commun devaient être écartés.

En présence des fraudes nombreuses qui se pratiquaient dans le but de dissimuler les prix des ventes,
la loi du 23 août 1871 a autorisé la recherche des
dissimulations de cette nature par tous les genres
de preuve du droit commun, en refusant toutefois à
l'administration la faculté de déférer le serment décisoire et en limitant à dix ans le droit d'user de la
preuve testimoniale.

SECTION II.

EXCEPTIONS AUX PRINCIPES DE L'ARTICLE 1341.

Nous venons de voir que la loi, après avoir repoussé en principe la preuve testimoniale, l'admettait

cependant lorsque la valeur du litige ne dépassait pas
150 francs. Mais cette règle n'est pas absolue ; elle
admet des exceptions dont nous devons maintenant
examiner la portée et l'effet.

§ 1. — Du commencement de preuve par écrit.

Les règles relatives à la prohibition de la preuve
testimoniale reçoivent exception quand il y a un commencement de preuve par écrit (art. 1347).

L'ordonnance de 1667 n'avait pas défini ce qu'on
devait entendre par commencement de preuve par
écrit. Elle laissait au magistrat le soin d'en apprécier
la nature et la qualité dans chaque espèce différente.
Dans une définition exacte, l'article 1347 a déclaré
commencement de preuve par écrit tout acte par écrit
qui est émané de celui contre lequel la demande est
formée ou de celui qu'il représente, et qui rend vraisemblable le fait allégué.

D'après cette définition, trois éléments ou conditions
constituent le commencement de preuve par écrit. Il
faut :

1° Un écrit ;

2° Que cet écrit émane de la personne à laquelle
on l'oppose ou de celui qu'elle représente ;

3° Qu'il rende vraisemblable le fait allégué.

I. — La première condition est l'existence d'un
écrit. Le Code ne précise pas quel doit être cet écrit ;
d'où nous devons conclure qu'il admet tous les écrits,
publics ou privés, quels que soient leur importance et
leur rapport avec la cause.

Ainsi les livres de commerce, les registres et papiers

domestiques, les lettres missives, les déclarations écrites soit extrajudiciaires, soit judiciaires, les inscriptions faites en marge ou à la suite d'un acte instrumentaire, les simples notes inscrites sur des feuilles volantes, alors même que ces écrits ne seraient ni datés ni signés, peuvent être considérés comme commencement de preuve par écrit.

L'écrit dans lequel on prétend trouver un commencement de preuve doit être représenté. On ne pourrait demander à faire la preuve par témoins de son existence. Toutefois, il est un cas où l'acte, quoique non représenté, peut être invoqué comme commencement de preuve par écrit: c'est quand celui à qui il est opposé en reconnaît l'existence, ou que le créancier justifie que la perte du titre est le résultat d'un cas fortuit, imprévu ou de force majeure (Cass. 18 août 1873, Dall. 74, I, 20.

II. — L'écrit doit, en deuxième lieu, émaner de la personne à laquelle on l'oppose ou de celui qu'elle représente, ou de celui par qui elle est représentée. On est d'accord pour donner cette portée à l'article 1347; on reconnaît que l'écrit émané du mandataire, relativement aux affaires comprises dans les limites de son mandat, n'est pas moins opposable au mandant, que l'écrit du mandant ne l'est au mandataire.

Quand peut-on dire que l'écrit émane d'une personne? Le mot émaner implique que l'écrit est l'œuvre de la personne à laquelle on l'oppose, en ce sens qu'elle est l'auteur des déclarations et des dispositions qui s'y trouvent.

Cette condition de la personnalité de l'écrit doit résulter, ou d'un acte public dans lequel celui contre qui on veut faire la preuve a été partie, ou d'un acte privé signé de lui ou du moins écrit de sa main. Une de ces trois circonstances est nécessaire, mais aussi elle est suffisante.

Ainsi, pour les actes privés, il suffit de la signature, quoique le corps de l'acte soit de la main d'un tiers, ou, en sens inverse, il suffit du corps d'écriture, bien qu'il ne soit pas suivi ou accompagné de la signature (Riom, 30 mars 1844, Sir. 44, II, 321), sauf à la partie défenderesse à dénier ou à reconnaître l'écriture, qu'il faudrait alors vérifier au préalable. La Cour de Paris, le 27 mars 1841 (Sir. 42, II, 10), a même décidé qu'une signature commencée, mais interrompue par la mort, pouvait conférer la qualité de commencement de preuve par écrit à l'acte auquel elle est ainsi apposée d'une manière incomplète.

Ce que nous disons des registres ne peut s'appliquer aux notes qui se trouvent parmi les papiers d'une personne et qui ne sont ni écrites ni signées par elle, parce que rien ne prouve que cette note soit l'œuvre de la personne à laquelle on l'attribue.

Si des écrits privés nous passons aux actes authentiques, nous trouvons des écrits qui ont le caractère d'un commencement de preuve, sans que même il y ait écriture ou signature de la partie à laquelle on les oppose. Il en sera ainsi d'abord pour tous les actes où, l'une des parties ne sachant ou ne pouvant signer, les formalités requises pour obvier à cet inconvénient auront été remplies ; ensuite pour tous les actes pour l'authenticité desquels la signature des parties n'est pas requise.

Ainsi nous rencontrons parmi les actes authentiques

propres à fournir un commencement de preuve par
écrit : les interrogatoires sur faits et articles (Cass.
14 janvier 1868, Sir. 68, I, 292; 8 mars 1852, Dall.
52, I, 73; 1er décembre 1880, Dall. 81, I, 255);

Les reconnaissances faites en justice de l'existence
d'un acte, même quand cet acte n'est pas représenté
(Cass. 7 juillet 1840 ; Dall., *Rép. de lég.*, v° OBLIGATIONS,
n° 4769 ;

Les déclarations des parties dans une comparution
personnelle, pourvu qu'il en ait été requis et donné
acte authentiquement, avant la prononciation du jugement (Aubry et Rau, VIII, p. 335; Cass. 7 mars 1843,
Sir. 43, 1, 285; Rennes, 26 février 1879, Dall. 80,
II, 91);

Les déclarations que l'une des parties a faites dans
une procédure criminelle devant le juge d'instruction,
ces aveux émanant de celui qui les fait, puisqu'ils sont
constatés authentiquement par un magistrat ayant
mission de les recevoir (Cass. 18 août 1854, Dall. 55,
I, 43; Toulouse, 23 juin 1881, Dall. 82, II, 41). Mais
les aveux faits devant le tribunal de police correctionnelle ou devant la Cour d'assises font-ils aussi foi à
titre de commencement de preuve par écrit ? Il faut
distinguer. Si ces déclarations ne sont constatées que
par les notes sommaires du greffier, elles n'ont pas de
force probante ; car le travail du greffier manque du
contrôle des intéressés. Il en est autrement si l'aveu
du prévenu est constaté par le jugement. Dans ce cas,
il y a acte authentique faisant foi à l'égard de tous
(Rej. Ch. crim. 30 juin 1846, Dall. 46, IV, 2. Les
déclarations des parties dans le procès-verbal de non-
conciliation, qui n'est pas signé de ces parties, ne

peuvent constituer un commencement de preuve par écrit (Cass. Belgique, 4 mai 1882 ; Sir. 82, IV, 29).

Tous ces actes, dont nous venons de faire une énumération bien incomplète, doivent être revêtus des formes solennelles exigées pour l'authenticité et avoir été dressés par un officier compétent et capable. Le fonctionnaire devant qui l'acte est rédigé en atteste l'origine, comme la signature ou la rédaction l'aurait attestée. Si la condition d'authenticité vient à faire défaut, l'acte est inefficace au point de vue de la preuve.

Hors le cas où la loi dit expressément le contraire, l'écrit émané d'un tiers ne peut servir de commencement de preuve par écrit ; il ne doit être regardé que comme le témoignage d'un étranger. Quels que soient donc les rapports qui unissent deux personnes, les actes provenant de l'une d'elles ne valent point, à l'égard de l'autre, commencement de preuve par écrit lorsque la dernière n'est ni l'ayant-cause, ni le mandant de la première.

Ainsi, ne forment pas de commencement de preuve par écrit :

Les écrits émanés du *negotiorum gestor*, si le maître ne ratifie les actes de gestion, ni implicitement, ni tacitement ;

Les lettres écrites par le mari à l'égard de la femme séparée de biens, lors même qu'il aurait agi en qualité de *negotiorum gestor :* il n'y a point mandat (Cass. 8 déc. 1834 ; Dall., *Rép. de lég.*, v° VENTE, n° 771) ;

La reconnaissance d'une dette de communauté faite par la veuve à l'égard des héritiers de son mari (Pothier, *Obligations*, n° 807) ;

L'écrit émané d'un copropriétaire par indivis d'un
immeuble à l'encontre d'un autre copropriétaire,
quand ce dernier n'a donné ni mandat ni ratification
(Cass. 30 décembre 1839, Sir. 40, I, 139) ;

Enfin, l'interrogatoire sur faits et articles subi en
justice par l'une des parties en cause, et ses réponses
consignées par écrit, à l'encontre d'une autre partie
engagée dans la même contestation (Paris, 26 no-
vembre 1836, Sir. 37, II, 31.

Signalons encore, comme faisant exception à notre
doctrine, les articles 1335 et 1336 qui accordent, dans
certaines conditions rigoureusement déterminées, la
valeur d'un commencement de preuve par écrit à de
simples copies et transcriptions d'actes publics.

L'article 1347 assimile aux actes émanés de celui
à qui on les oppose les actes émanés de celui qu'il
représente. Cela est d'évidence surtout pour les actes
du défunt, qui lient ses héritiers et successeurs uni-
versels.

L'écrit émané du débiteur est opposable à ses créanciers exerçant, en vertu de l'article 1166, ses droits et
actions.

On peut enfin opposer au mandant l'écrit émané
du mandataire son représentant. Ainsi les déclarations
contenues dans une requête signifiée par acte d'avoué
à avoué peuvent, jusqu'à désaveu du moins, être opposées, à titre de commencement de preuve par écrit,
à la partie au nom de laquelle cette requête a été
présentée. Les livres d'un notaire ayant agi en qualité de mandataire peuvent être également opposés à
son mandant ; mais il faut qu'il soit intervenu entre
les parties et l'officier public une convention spéciale

pour qu'il y ait mandat ; le notaire n'est pas mandataire par cela seul qu'il exerce ses fonctions. Les
écrits émanés du tuteur ou du mari commun, durant
l'exercice légitime de leurs pouvoirs, font commencement de preuve par écrit pour le pupille et la communauté.

III. — La troisième condition exigée par l'article
1347 pour que l'écrit constitue un commencement de
preuve, c'est qu'il doit rendre vraisemblable le fait
allégué.

Il faut remarquer, tout d'abord, qu'au contraire de
ce qui arriverait pour l'une des deux premières conditions, le jugement rendu sur cette troisième est
inattaquable en cassation ; car la vraisemblance n'est
pas un principe, elle n'a rien d'absolu ; son appréciation gît tout entière en fait. La question de savoir
si l'écrit invoqué rend ou non vraisemblable le fait
allégué, est complètement abandonnée à l'appréciation discrétionnaire du juge, qui doit puiser les
éléments de sa conviction dans les circonstances de
de la cause, même dans les cas où la loi déclare tel
ou tel écrit susceptible de former un commencement
de preuve par écrit.

Tout écrit qui rend un fait vraisemblable est susceptible de servir de commencement de preuve, quel
que soit d'ailleurs le motif pour lequel il ne forme
pas preuve complète.

Envisagés sous le rapport de la vraisemblance, les
écrits peuvent être rangés en deux classes.

La première comprend les actes qui contiennent
des énonciations suffisantes pour constater le fait
allégué, mais non pour fournir la preuve complète de

la convention des parties, soit parce qu'ils n'ont pas
en eux-mêmes la force d'une preuve pleine et entière,
soit parce qu'ils manquent de quelque condition es-
sentielle à leur validité.

Parmi ces actes, citons :

1° Les énonciations d'un acte authentique ou sous
seing privé étrangères à la disposition (art. 1320) ; il a
été jugé récemment qu' ... nce ... ncement de preuve
par écrit nécessair ... pour p ... ir prouver par témoins l'existence ... ... onféré à un notaire
pour recevoi ... au ... ... créancier le rem-
boursement d' ... ne créance de plus de 150 francs ne
saur ... ... dans la clause le style consignée
do: ... presque tous les actes et disant que, pour leur
exécution, les parties font élection de domicile en
l'étude du notaire rapporteur, où tous les paiements
devront être faits (Tribunal de Paimbœuf, 27 avril
1883 ; *Journal la Loi*, 2 juin 1883) ;

2° Les copies d'actes authentiques qui n'ont pas
été tirées avec les conditions requises pour faire
preuve complète (art. 1335);

3° La transcription d'un acte sur les registres
publics, sous les conditions déterminées par l'article 1336 ;

4° L'acte qui n'est pas authentique par suite de l'in-
compétence ou de l'incapacité de l'officier public qui
l'a reçu et qui n'est pas signé de toutes les parties, vaut
comme commencement de preuve par écrit à l'encontre
de celles qui l'ont revêtu de leur signature, et même
lorsqu'il n'a pas été signé par la partie à qui on l'oppose, s'il a été dressé à sa requête par un officier
public compétent, et dans la forme requise pour faire

foi (Cass. 16 mars 1881, Dall. 82, I, 373). Cependant l'acte reçu par un notaire qui y est intéressé est nul non seulement comme acte authentique, mais encore comme acte privé, et ne peut servir même de commencement de preuve par écrit (Cass. 15 juin 1853, Dall. 53, I, 211). Si l'acte est incomplet, s'il est resté à l'état de simple projet, il n'est pas permis de l'invoquer. Ainsi en est-il des actes notariés demeurés incomplets par suite du refus de signature de l'une ou l'autre des parties.

Forment également un commencement de preuve par écrit :

5° Les actes sous seings privés qui ne sont pas datés, puisque nous reconnaissons qu'on est admissible à prouver la date par témoins;

6° Les actes sous seings privés qui contiennent des conventions synallagmatiques, s'ils n'ont pas été faits en autant d'originaux qu'il y a de parties ayant un intérêt distinct, ou si les originaux, étant en nombre suffisant, ne portent point mention de l'accomplissement de cette formalité (art. 1325).

Cette opinion, qui est la plus juridique, a été adoptée par la jurisprudence et, à peu près, par tous les auteurs. Elle est toutefois controversée. On soutient, en effet, que l'absence d'un double témoigne que la prétendue convention est demeurée à l'état de simple pourparler, et n'est qu'un projet abandonné; que, d'ailleurs, la personne munie de l'original unique serait armée d'un privilège qui détruirait l'égalité nécessaire entre les deux parties dans toute convention synallagmatique. Nous répondons : L'acte est signé par la partie à laquelle on l'oppose. Il présente donc le caractère le plus important de tous ceux qu'exige l'article 1347. S'il peut arriver que l'unité d'original ait pour cause la non-conclusion de la convention, il est beaucoup plus probable que ce fait tient à d'autres motifs. Le juge appréciera. Et, quant à la crainte de rompre l'égalité entre les deux parties, nous serions conduit, si nous en tenions compte, à admettre des solutions exceptionnelles qu'aucune disposition législative ne justifierait. Il faudrait dire, en effet, que, dans les conventions synallagmatiques, une des parties, en l'absence du double, ne pourrait se servir, comme commencement de preuve par écrit, d'une lettre missive, ou de tout autre écrit, qui, dans les causes ordinaires, ouvre la porte à la preuve testimoniale (Aubry et Rau, t. VIII, p. 231, n. 38; Larombière, art. 1325, n° 38; Bonnier, n° 689;

7° Le billet ou promesse sous seing privé par lequel une personne s'engage à payer une somme d'argent ou une quantité, s'il n'est pas écrit en entier de la main de l'obligé, ou, du moins, s'il ne contient pas de sa main le bon ou l'approuvé portant en toutes lettres la somme ou la quantité due (art. 1326) (Chambéry, 12 août 1881, Dall. 82, II, 80);

8° Les registres et papiers domestiques et l'écriture mise à la suite, à la marge ou au dos d'un titre, quand ces registres et ces écritures ne réunissent pas toutes les conditions légales pour former une preuve complète; et, plus généralement, toute écriture privée (Req. 29 juillet 1872, Dall. 74, I, 430).

La seconde classe d'écrits qui peuvent rendre vraisemblable le fait allégué et servir ainsi de commencement de preuve par écrit comprend les actes qui, dans la pensée des parties, n'ont pas eu pour objet de constituer une preuve, mais qui, renfermant des énonciations en corrélation plus ou moins intime avec le fait allégué, le rendent plus ou moins vraisemblable.

Nous citerons au premier rang de ces écrits :

1° Les lettres missives, non seulement lorsqu'elles parlent d'une manière précise du fait qu'il s'agit de prouver, mais lors même qu'elles n'y font qu'une simple allusion : ainsi la lettre dans laquelle vous m'écrivez que vous ne pouvez me rembourser et que vous me promettez de vendre une portion de maison afin de vous acquitter, rend vraisemblable le prêt d'une somme d'argent ;

2° Les billets portant promesse de payer le prix de marchandises qui ont été livrées, pour prouver la livraison et la créance du prix ;

3° L'écrit qui constate l'existence d'une dette, sans en énoncer la quotité ou la cause non indiquée ;

4° La quittance qui constate le paiement des derniers termes d'un fermage, pour prouver le paiement des termes antérieurs (Cass. 27 février 1882, Dall. 82, I, 414) ;

5° Les reconnaissances extrajudiciaires qui ne réunissent pas toutes les conditions essentielles à l'existence d'un aveu proprement dit : ainsi les énonciations d'un inventaire, une reconnaissance de dette insérée dans un testament, même nul ;

6° Les aveux judiciaires qui ne portent pas sur le fait allégué lui-même, mais sur des circonstances accessoires ; les réponses obscures ou évasives aux interpellations faites par le juge dans un interrogatoire, ou lors d'une comparution personnelle, ainsi que le refus, authentiquement constaté par écrit, de répondre en pareille occasion, sauf pour ce qui est du refus de répondre aux interpellations faites par le juge de paix au bureau de conciliation, ce magistrat n'ayant pas le pouvoir d'adresser aux parties des interpellations étrangères au point de savoir si elles entendent ou non se concilier.

§ 2. — *De l'impossibilité de se procurer une preuve littérale.*

L'article 1348 contient une seconde dérogation au double principe de l'article 1341. La preuve testimoniale est exceptionnellement reçue tant au-dessus de 150 francs que contre et outre le contenu aux actes, lorsqu'il a été impossible à celui qui l'invoque de se procurer une preuve littérale.

Le fondement de cette exception est la maxime : « A l'impossible nul n'est tenu; » et la loi eût-elle été muette sur ce point, que la justice n'eût sans doute pas manqué d'admettre l'exception en fait, tant elle est naturelle. Il en était ainsi sous l'ordonnance de Moulins; l'impossibilité n'était pas formulée; les jurisconsultes étaient cependant d'accord avec les magistrats pour l'appliquer constamment dans la pratique. Ainsi un arrêt du mois d'août 1573, rendu par le Parlement de Paris, autorise les héritiers d'un protestant à prouver par témoins un dépôt fait par leur auteur au moment où il allait être massacré, le jour de la Saint-Barthélemy.

L'ordonnance de 1667 s'expliqua sur le cas qui

nous occupe, et combla cette lacune par les articles 3
et 4 de son titre XX, ainsi conçus :

« *Article* 3. — N'entendons exclure la preuve par
» témoins pour dépôt nécessaire, en cas d'incendie,
» ruine, tumulte ou naufrage, ni en cas d'accidents
» imprévus, où on ne pourrait avoir fait des actes...

» *Article* 4. — N'entendons pareillement exclure
» la preuve par témoins pour dépôts faits en logeant
» dans une hôtellerie, entre les mains de l'hôte ou de
» l'hôtesse, qui pourra être ordonnée par le juge,
» suivant la qualité des personnes et les circonstances
» du fait. »

Le législateur ne pouvait, en effet, sans encourir un
reproche mérité d'injustice, exiger un genre de preuve
qu'il avait été impossible de se procurer, et rejeter le
seul que le demandeur avait à sa disposition.

L'énumération contenue dans l'article 1348 n'a
rien de limitatif. D'où la conséquence que l'impossibilité physique ou morale de se procurer quelque écrit
demeure la seule condition d'admissibilité de la preuve
par témoins (Rennes, 26 février 1879, Dall. 80, II, 91);
ils seront entendus par le juge toutes les fois qu'il
aura constaté l'empêchement où la partie s'est trouvée
de se constituer une preuve littérale, que l'on soit ou
non dans l'un des exemples prévus par l'article 1348.

Il nous faut maintenant examiner séparément chacun des paragraphes de l'article.

A. — Quasi-contrats.

Le premier cas d'exception, signalé par l'article 1348, s'applique à la preuve par témoins des

quasi-contrats. Comme ils se forment sans le concours ou l'intervention du créancier, il est presque impossible à celui-ci d'avoir une preuve écrite, et la preuve testimoniale demeure sa seule ressource.

Toutefois, le n° 1 de l'article 1348 ne doit pas être pris à la lettre ; car, parmi les quasi-contrats dont s'occupe le Code civil, il en est un auquel on ne saurait faire l'application de cet article, du moins en thèse générale : c'est la répétition de l'indu.

En effet, celui qui répète doit d'abord prouver qu'il a indûment versé les deniers entre les mains de quelqu'un qui n'était pas son créancier ; or, quand il a payé, il ne pouvait se considérer comme payant l'indu, il devait penser qu'il éteignait réellement une dette, et par conséquent, prenant les précautions usitées, exiger un écrit qui prouvât le versement des espèces. Il ne sera donc pas autorisé à user de l'exception toutes les fois que le paiement dépassera 150 francs et qu'il n'y aura pas un commencement de preuve par écrit qui rende sa prétention vraisemblable.

Même dans l'hypothèse prévue par l'article 1377, il peut y avoir lieu à la preuve testimoniale : Quelqu'un qui se croit débiteur paie, et le créancier, au reçu des espèces, supprime son titre, au lieu de donner un acquit, puis le *solvens* s'aperçoit qu'il a payé par erreur. Si on ne lui permettait pas de prouver par témoins qu'il a payé à la place du débiteur réel, il serait injustement désarmé ; aussi ne doit-on pas douter que, dans cette espèce, la preuve testimoniale ne soit possible.

Quant au quasi-contrat de gestion d'affaires, l'application de l'article 1348 ne souffre pas de difficulté ; car

ce quasi-contrat dérive généralement de faits dont il
a été impossible à celui pour le compte duquel l'affaire a été gérée, de se procurer une preuve par écrit.
Peu importe que le maître ait connu ou non la gestion.
En réalité, elle lui est étrangère et il n'y est nullement
intervenu.

Si nous passons au contrat de mandat, nous ne rencontrons pas forcément et partout la nécessité d'un
écrit. Ainsi, le mandant, une fois d'ailleurs le contrat
de mandat prouvé d'après les principes généraux,
pourrait établir par témoins les faits de l'administration du mandataire dont il ne saurait avoir en mains
la preuve littérale. Le mandat, résultant d'un accord
tacite de volonté, serait-il susceptible de se prouver
par témoins ? La Cour de cassation a consacré la
négative dans un arrêt du 29 décembre 1875 (Dall.
76, I, 149).

B. — Délits et quasi-délits.

Le second exemple donné par le premier paragraphe
de l'article 1348 se rapporte aux délits et aux quasi-
délits.

La preuve testimoniale est généralement applicable
en cette matière ; car il est impossible, par la nature
même des choses, que les obligations naissant de faits
délictueux soient constatées par écrit, même dans le
sens large de notre article, qui entend non seulement
les faits prévus et réprimés par la loi pénale, mais
tous ceux qui sont de nature à causer un dommage
dont il puisse être demandé réparation (Cass. 9 janvier 1882, Dall. 82, I, 117).

Il ne s'élève aucune difficulté, si le fait dommageable

est isolé et ne se lie pas à un fait juridique antérieur, tombant sous l'application de l'article 1341 : la preuve testimoniale sert alors à établir soit le fait lui-même, soit les conséquences préjudiciables dont on poursuit la réparation. Lorsqu'au contraire le fait dommageable suppose une convention préalable, la preuve testimoniale n'est admise pour démontrer cette violation ou cet abus qu'autant que la convention préexistante est établie d'après les règles du droit commun.

Il faut qu'il en soit ainsi, pour ne pas donner aux parties la facilité de tourner la loi, et de prouver certaines conventions par témoins où le Code demande un écrit. Ainsi en serait-il, par exemple, si un mandataire dont les pouvoirs ne sont pas constatés par écrit, venant à violer son mandat, le mandant était admis à prouver par témoins le préjudice qu'il a subi ; car le mandat se trouverait constaté oralement du même coup, ce qui est contraire aux prescriptions de la loi.

L'existence de l'erreur et de la violence qui vicient un contrat ou un acte juridique peut toujours être prouvée par témoins ; il n'est guère possible de s'en procurer d'autres preuves. On ne cherche pas, en effet, à faire valoir un contrat malgré les termes de la loi et par d'autres procédés que les siens ; mais l'on veut, au contraire, prouver que le contrat n'a pu se former, ou bien qu'il est atteint d'un vice radical.

En principe, il en est de même du dol ; celui qui se plaint de n'avoir donné qu'un consentement surpris par le dol peut prouver ses allégations par témoins. On s'appuie, pour justifier cette proposition, sur un argument tiré de l'article 1353, qui, en permettant d'établir le dol ou la fraude au moyen de simples présomptions, en autorise virtuellement la preuve testimoniale.

Il est à peu près impossible de s'expliquer la disposition finale de cet article, qui semble exclure la preuve testimoniale du dol. Cependant il résulte incontestablement des termes de l'article 1348 que la preuve testimoniale est admissible à l'effet d'établir le dol et la fraude commis de concert par les parties. Il faut donc, pour concilier ces deux dispositions en désaccord, supposer dans l'article 1353 un vice de rédaction et reconnaître que, si les simples présomptions sont admissibles pour prouver le dol et la fraude, c'est en conformité des règles qui régissent sur ce point le dol et la fraude, et non pas en opposition avec ces principes.

Le fait juridique à l'occasion duquel les manœuvres dolosives se seraient produites doit être constant (Aubry et Rau, VIII, p. 348). Mais si la convention ou le fait juridique que l'on prétend avoir été provoqué par un dol n'avait pas été constaté par écrit, et s'il était contesté par l'adversaire, la partie qui se dit victime du dol ne pourrait être admise à faire par témoins la preuve de l'existence de la convention ; elle se verrait repoussée par les principes de l'article 1341, parce qu'autre chose est prouver le dol, autre chose est prouver la convention.

L'impossibilité manifeste où se sont trouvés les tiers qui attaquent des actes comme frauduleux et simulés, de se procurer un écrit, leur permet de prouver par témoins la fraude et la simulation dont ils se plaignent. C'est ainsi que les créanciers exerçant contre les actes du débiteur l'action paulienne peuvent faire usage de la preuve testimoniale. De même, les héritiers réservataires peuvent constater par témoins l'atteinte portée à leur réserve par des donations déguisées, et tout héritier peut être admis à rechercher les dispositions à titre gratuit faites, en réalité, à des personnes incapables de recevoir, soit par interposition des personnes, soit sous le voile d'un contrat à titre onéreux (Cass. 3 mars 1857, Sir. 57, I, 182).

C. — Dépôts nécessaires.

L'exception de l'article 1348 s'applique encore aux dépôts nécessaires, faits en cas d'incendie, ruine, tumulte ou naufrage, et à ceux faits par les voyageurs logeant dans une hôtellerie, le tout suivant les qualités des personnes et les circonstances du fait. Cette disposition est tirée des articles 3 et 4 du titre XX de l'ordonnance de 1667.

Le fondement de cette exception est très naturel et a été adopté par toutes les législations. Il est évident, en effet, que dans les conjonctures terribles où l'incendie, le naufrage, l'invasion, la ruine mettent les personnes en péril, si l'homme sait conserver encore le souci de son patrimoine avec assez de sang-froid pour songer à déposer ses biens en mains fidèles, on ne peut exiger qu'il s'embarrasse encore de formalités compliquées, qui assurent la certitude à ses actes au milieu des circonstances habituellement tranquilles de la vie : « *Locus, tempus non patitur* » *plenius deliberandi consilium.* » (Dig., *De exerc. act.*, L. 1, pr.)

On ne dresse pas également d'écrit des dépôts effectués dans une hôtellerie. C'est qu'en effet, dans ces sortes de dépôts, nous retrouvons, dans une mesure suffisante, encore la même impossibilité de choisir son dépositaire et d'en exiger une reconnaissance. Est-il toujours facile, en effet, de choisir, en connaissance de cause, l'hôtel, l'auberge où l'on descendra ? Et la foule des voyageurs, leur succession rapide dans une même hôtellerie, les déplacements fréquents d'un endroit dans un autre, le nombre et la variété des bagages, ne sont-ils pas autant de motifs qui empêcheraient de dresser exactement par écrit l'inventaire des effets apportés à l'arrivée et retirés au départ?

Le Code n'exige pas, comme semblait le vouloir l'ordonnance de 1667, que le dépôt ait été fait entre les mains de l'hôte ou de l'hôtesse. La loi nouvelle a voulu donner des facilités plus grandes aux voyageurs en même temps qu'elle a étendu la responsabilité des hôteliers, en faisant remonter jusqu'à eux les fautes des personnes qui, agissant pour leur compte, auraient reçu des dépôts à leur place, chefs de bureaux, majordomes, etc. La Cour de cassation a même décidé que le dépôt ne prend pas fin par le départ du voyageur; qu'il peut prouver par témoins qu'après avoir fait un dépôt, il est parti en laissant des objets, et que l'hôtelier, dans ce cas, était demeuré responsable (4 juillet 1814, Sir. 14, I, 589).

Dans les différentes hypothèses du n° 2 de l'article 1348, la première chose à justifier, c'est le fait de force majeure qui a empêché de se procurer un écrit. Il restera ensuite à établir la relation nécessaire qui doit exister entre le fait et l'obligation alléguée. Jamais plus grande latitude ne fut laissée aux juges pour apprécier s'il y a ou non lieu d'ordonner la preuve par témoins.

Il est naturel de regarder le mot *hôtellerie* comme un terme général, une expression désignant un genre dont les différentes espèces seraient les maisons où s'exercent les branches multiples de l'industrie que l'*hôtellerie* réunit et caractérise. Ainsi on doit appliquer l'article aux teneurs de garnis, de maisons meublées, de bains publics, restaurateurs, cafetiers, etc., aussi aux établissements hospitaliers où sont recueillis les malades et les misérables. Ce sont des lieux qui imposent la même confiance forcée que les auberges et hôtelleries, et où s'effectuent par conséquent les dépôts nécessaires.

D. — Accidents imprévus.

Le paragraphe 3 de l'article 1348 étend l'exception « aux obligations contractées en cas d'accidents » imprévus, où l'on ne pourrait pas avoir fait des actes » par écrit. » Cette disposition, qui s'applique à toutes sortes de contrats, exige d'abord que l'obligation soit contractée dans un accident imprévu, et, de plus, que l'accident soit de nature à rendre impossible la rédaction d'un écrit.

Les cas qui peuvent tomber sous l'application de ce texte sont très nombreux, et ils dépendent uniquement de l'interprétation des faits eux-mêmes par le tribunal. Les juges auront à examiner les circonstances de l'accident, et si la partie se trouve ou non en faute de n'avoir pas dressé d'écrit. M. Larombière (art. 1348, n° 39) a indiqué quelques exemples qui méritent d'être notés, car ils sont tout à fait caractéristiques : un homme atteint d'un mal subit dans la rue est porté, pour y être secouru, chez une personne voisine, à laquelle il confie des valeurs ou des titres ; un officier, prisonnier de guerre, fait un prêt à son ami dirigé sur un autre lieu d'internement ; quelqu'un qui se trouve fortuitement présent à une saisie paie aux mains de l'huissier, à la place du débiteur, etc.

E. — Perte du titre.

Une dernière exception existe au cas où le titre que s'était procuré le demandeur a péri, ou a été supprimé par suite d'un cas fortuit, imprévu et résultant d'une force majeure.

L'administration de la preuve testimoniale est subordonnée, dans ce cas, à l'administration préalable d'une triple preuve :

1° Du cas fortuit, imprévu et de la force majeure qui ont occasionné la perte du titre dont il s'agit ;

2° De l'existence antérieure de ce titre ;

3° De sa perte.

La preuve testimoniale porte donc sur des faits qui présentent entre eux la plus grande connexité. Supposons, par exemple, qu'un créancier ait été violemment dépouillé de son titre : il est à peu près impossible qu'il prouve la violence dont il a été victime, sans établir du même coup l'existence de l'écrit et la cause de sa perte.

Lorsque le demandeur a prouvé les trois points que nous avons énumérés, il lui reste à établir la teneur du

titre perdu. A cet égard, le juge jouit d'une grande
latitude d'appréciation ; mais la preuve testimoniale
ne devra pas être admise ici indéfiniment et indistinctement.

Si le quatrième alinéa de l'article 1348 déroge incontestablement au premier principe de l'article 1341,
on ne peut admettre qu'il déroge en outre au second
et qu'on puisse prouver quelque chose outre et contre
le contenu à l'acte disparu. Ce n'est pas, en effet, pour
refaire l'acte, en restreindre ou en étendre le contenu ;
c'est uniquement pour le suppléer que la loi autorise
la preuve par témoins en cas de perte du titre.

L'article 1348 4° s'applique aux testaments (Cass.
12 juin 1882, Dall. 82, I, 299).

§ 3. — *Du consentement de l'adversaire.*

La troisième exception à l'article 1341 est constituée
par le consentement d'une partie à entendre contre
elle-même les témoins de l'autre, alors même qu'il
s'agit d'un litige supérieur à 150 francs, ou contre
et outre le contenu d'actes rédigés par écrit. Mais
cette exception présente une différence capitale avec
celles que nous avons précédemment étudiées. Tandis,
en effet, que nous avons eu seulement, pour les deux
autres, à rechercher leur sphère exacte d'action et
leur mode de fonctionnement, nous devons nous demander, pour cette dernière, si elle existe réellement
dans notre droit.

La première question qui se pose est donc celle de
savoir s'il y a lieu de négliger la règle générale de
l'article 1341, lorsque l'adversaire y consent, et si

l'on peut, en tout état de cause recourir à la preuve
par témoins.

Les deux ordonnances, ni le Code, n'ont tranché la
question ; ils ne l'ont même pas indiquée. Il en résulte
que les auteurs n'ont pas encore pu s'entendre sur la
solution à lui donner. Les uns, comme MM. Toullier
(vol. IX, n° 37), Aubry et Rau (vol. VIII, p. 295), Larombière (art. 1347, n°° 1, 2), expliquent ce silence de
la loi en disant que ses dispositions sur la preuve
testimoniale sont d'ordre public, qu'elle a dit au juste
ce qu'elle voulait dire, qu'on n'y peut rien ajouter,
pas plus qu'on n'y pouvait retrancher, et que si elle
avait même dû admettre une pareille dérogation à ses
propres principes, il est vraisemblable qu'elle ne l'eût
point passée sous silence. « D'après l'esprit de la loi,
» la prohibition de la preuve testimoniale peut, du
» moins quant aux faits juridiques, être considérée
» comme la règle, et l'admissibilité de cette preuve,
» comme l'exception. Ce moyen de preuve n'est donc
» recevable que dans les cas où la loi l'autorise explici-
» tement ou implicitement. La prohibition de la preuve
» testimoniale est d'ordre public, autant que d'inté-
» rêt privé. Il résulte de ce principe que, lorsque la
» preuve testimoniale est inadmissible, le juge doit la
» rejeter d'office, quoique la partie contre laquelle on
» entend l'administrer ne s'oppose point à son ad-
» mission, ou y consente même formellement. » (Aubry et Rau, t. VIII, § 761.) Et ces auteurs ajoutent :
« On doit d'autant moins hésiter à adopter cette solu-
» tion, que les différentes dispositions législatives,
» tant anciennes que nouvelles, concernant la prohi-
» bition de la preuve testimoniale, sont rédigées sous

» forme d'injonction adressée au juge personnelle-
» ment. » (N. 5.)

D'autres auteurs, parmi lesquels MM. Bonnier
(n° 177) et C. de Santerre (t. V, n° 325 *bis*, 11), répondent que cette manière rigoureuse d'envisager les
choses était convenable au temps où les principes pro-
clamés par l'ordonnance de Moulins heurtaient encore
par leur nouveauté. « Mais depuis que les exigences de
» la loi sur la preuve écrite sont devenues familières
» aux plaideurs, il est difficile de ne pas voir une
» sorte d'aveu de la part de celui qui consent à laisser
» entendre les témoins. Or, il ne faut pas perdre de
» vue que les conventions verbales sont parfaitement
» valables au fond, et qu'un commencement de
» preuve par écrit suffirait pour autoriser l'enquête.
» Eh bien! le consentement donné en justice n'a-t-il
» pas autant de force que l'indice, souvent si léger,
» qu'on puise dans un commencement de preuve? »

Quant à nous, nous signalons comme une troisième exception à l'article 1341 le consentement de
l'adversaire.

La crainte de la subornation des témoins ne dispa-
raît-elle pas, en effet, quand la partie adv se consent
à ce qu'ils soient entendus? Qu'on n'allègue pas non
plus de vagues considérations d'ordre public, basées
sur la crainte de multiplier les procès! Les délicatesses,
les susceptibilités de l'honneur imposent souvent la
nécessité de ne pas reculer devant une enquête, et
même de la désirer. Comment refuser cette satisfac-
tion ou ce droit à celui qui a la faculté de l'autoriser
légalement par un mot, un écrit (art. 1347)? Il existe
au Code de procédure un principe bien autrement

d'ordre public que celui dont nous nous occupons :
c'est celui « que nul ne peut être distrait de ses juges
» naturels »; et cependant on peut y renoncer (art. 169
du Code de procédure). Le Code civil lui-même nous
fournit un exemple où un principe d'ordre public
fléchit devant la volonté des parties : c'est l'art. 2220,
qui permet de renoncer à la prescription acquise.
L'intérêt public même, au nom duquel on refuse l'acquiescement de la partie à l'audition des témoins,
n'est cependant pas mis en jeu aussi gravement qu'on
veut bien le dire, puisque la partie demeure toujours
libre d'accepter la preuve testimoniale, comme elle
accepterait une juridiction incompétente, comme elle
renoncerait au moyen d'une prescription précédemment acquise.

La Cour de cassation a décidé que les règles du Code
sur la preuve testimoniale ne constituent pas des prescriptions d'ordre public auxquelles il soit interdit
de déroger par des conventions particulières (24 août
1880, Dall. 80, I, 447).

Nous pensons donc que le motif tiré de l'ordre
public doit être écarté, et que l'adversaire demeure le
maître de consentir à l'audition des témoins.

CHAPITRE II.

SECTION I.

QUESTIONS D'ÉTAT.

Généralités.

L'utilité matérielle d'une constatation de la filiation a paru évidente à tous les peuples. Elle est intimement liée aux principes d'hérédité et aux lois de succession. La société tout entière est intéressée à savoir quand un individu rentre dans son sein, quand un individu en sort, quelle est la formation des familles qui la composent. Il fallait donc que l'autorité publique intervînt dans tous les évènements qui influent sur l'état et la capacité des citoyens, qu'elle tînt des registres publics constatant l'état civil de chaque individu.

A l'origine, le clergé seul tenait des registres où l'on inscrivait les naissances, les mariages et les décès des catholiques, au fur et à mesure que les sacrements leur étaient administrés. L'ordonnance de Villers-Cotterets (1539) introduisit un élément officiel dans ces registres, en prescrivant que les baptêmes de toute personne, avec indication de la naissance, et les décès de celles seulement qui tenaient un bénéfice, y fussent exactement inscrits.

L'ordonnance de Blois (1579) compléta la précédente, et prescrivit que les registres s'appliquassent à tout le monde indistinctement. Elle décida, de plus, que copie en fût déposée aux sénéchaussées et bailliages.

Louis XIV, par l'ordonnance de 1667, fixa les détails pratiques de la tenue des registres, qui durent être rédigés d'une façon uniforme, et dont copie devait être tirée.

Mais tout ce qui concernait la tenue des registres et leur emploi ne s'adressait qu'aux catholiques; les individus d'une autre religion n'en avaient pas. L'édit de Nantes les admit au bénéfice d'un état civil reconnu; mais, à sa révocation, ils retombèrent dans leur ancienne situation. Ils ne recouvrèrent leur état civil que par un édit de Louis XVI, rendu en 1789.

Enfin, les lois du 20 septembre 1792 et du 28 pluviôse an VIII prescrivirent la tenue de registres publics destinés à constater les actes de l'état civil. Ces registres furent confiés à des officiers publics, aux maires et aux adjoints de chaque commune, sous la surveillance du Procureur de la République.

§ 1. — *De l'emploi de la preuve testimoniale vis-à-vis des registres de l'état civil.*

En règle générale, les naissances, mariages, décès ne sont susceptibles d'être prouvés qu'à l'aide d'actes inscrits sur les registres de l'état civil. La preuve lit-

térale, basée sur des titres privés, est rejetée tout aussi
bien que la preuve testimoniale.

Mais nous trouvons ici une exception de même nature que celle de l'article 1348, et dictée par les
mêmes motifs. Nous avons vu que, si la loi exigeait un
écrit pour constater les obligations dont la valeur dépassait 150 francs, elle permettait cependant tout
autre moyen de preuve, quand une impossibilité
constatée avait empêché les parties de se procurer un
écrit. Il fallait, pour les actes de l'état civil, prévoir
aussi l'impossibilité de rédaction, et y suppléer; c'est
ce qu'a fait l'article 46 ainsi conçu : « Lorsqu'il n'aura
» pas existé de registres, ou qu'ils seront perdus, la
» preuve en sera reçue tant par titres que par témoins,
» et, dans ce cas, les mariages, naissances et décès
» pourront être prouvés tant par les registres et papiers
» émanés des père et mère décédés, que par témoins. »

Cette disposition de loi donne à résoudre trois questions importantes :

A. — Quelles sont les applications de l'article 46 ?

B. — Comment doit être faite la preuve exceptionnellement admise?

C. — Quels effets produit-elle ?

A. — Applications de l'article 46.

Quelles sont les applications de l'article 46? Dans
quel cas la preuve testimoniale est-elle admise ? L'article lui-même répond : « Lorsqu'il n'aura pas existé
» de registres ou qu'ils seront perdus. »

L'article 46 prévoit deux cas: le cas d'inexistence
absolue et celui de perte totale. Mais cet article n'a

rien de limitatif, et un certain nombre d'hypothèses peuvent se présenter en outre de celles qu'il a prévues. Il s'applique au cas même où il s'agit du décès d'un Français à l'étranger (Bordeaux, 26 mars 1878, Dall. 80, II, 144).

Il arrive parfois que les registres existants sont mal tenus, sans ordre, pleins de ratures, rédigés après coup, avec une négligence telle que des lacunes sont sensibles. Ces registres peuvent être raisonnablement considérés comme n'existant pas, et donnant lieu par conséquent à l'application de l'article 46.

Un texte, depuis le Code, est venu confirmer cette interprétation : c'est la loi du 13 janvier 1817, qui porte dans son article 5 « que la preuve testimoniale » du décès (des militaires) pourra être ordonnée, » conformément à l'article 46 du Code civil, s'il est » prouvé...... qu'il n'y a pas eu de registres, ou qu'ils » ont été perdus ou détruits en tout ou en partie ». C'est donc bien dans le sens que nous avons indiqué que l'article doit être entendu, puisque le législateur lui-même interprète l'article 46 comme nous et l'applique au cas particulier qui nous occupe.

Il peut arriver que les registres soient régulièrement tenus, qu'ils ne montrent ni perte ni lacune, mais qu'on présente, en dehors de leur texte, un acte rédigé sur une feuille volante.

Cette hypothèse donne lieu à de sérieuses difficultés, et des solutions diverses ont été proposées sur ce cas. Certains auteurs soutiennent que l'article 46 est applicable dans l'espèce ; ils s'appuient sur les motifs suivants :

1° Si l'officier de l'état civil a poussé la négligence

au point de ne pas rédiger l'acte sur ses registres, et d'employer pour le recevoir une simple feuille volante, les parties n'en peuvent être victimes : il serait injuste qu'elles portassent la peine d'une négligence qu'elles n'ont pu ni prévoir ni empêcher.

2° La loi ne prononce pas la nullité des actes de l'état civil, comme sanction aux indications qu'elle a données pour les rédiger ; elle a laissé aux juges le pouvoir d'interpréter les faits, d'y trouver même les circonstances de bonne foi suffisantes pour déclarer l'acte valable ; on outrepasserait donc sa pensée en prenant comme nul *a priori* un acte rédigé sur une feuille volante, alors qu'il pourrait souvent mériter d'être considéré comme valable.

3° L'article 46 s'est inspiré des dispositions contenues dans l'article 9 de la déclaration du 9 avril 1736, qui édicte une simple peine contre le curé qui aurait reçu un acte de mariage sur une feuille volante, au lieu de l'avoir consigné sur ses registres.

4° Enfin, si l'on applique l'article 46 quand un acte a été omis sur les registres, ou bien quand ils ont subi une destruction plus ou moins considérable, il serait peu juste de ne pas l'appliquer lorsqu'on se trouve en présence d'un acte rédigé sur une feuille volante, faisant présumer par sa seule existence que ses conditions de réalisation régulières se sont un moment trouvées réunies.

Nous croyons, avec M. Demolombe (t. I. n° 324), que l'article 46 ne trouve pas ici d'application. En effet :

1° La loi, il est vrai, n'a prononcé nulle part la nullité des actes de l'état civil pour inobservation des formes qu'elle a prescrites pour leur rédaction ; mais il y a une limite aux irrégularités que les actes peuvent présenter, et il n'est pas soutenable qu'un officier de l'état civil soit absolument libre d'observer ou non les formalités prescrites, sans que l'acte en reçoive pour cela moins d'effet.

2° La compétence de l'officier de l'état civil se compose de deux éléments : son titre personnel et l'exercice même des fonctions que lui confère ce titre dans les conditions exigées par la loi. Or, au premier rang de ces conditions se trouve la rédaction de l'acte sur les registres destinés à le recevoir, et s'il manque de s'en servir, c'est comme si l'acte était reçu par un officier incompétent. Ne perd-il pas, en effet, tout caractère officiel et toute compétence lorsqu'il inscrit des actes en dehors de ses registres ? La simple allégation de la négligence de l'officier public ne tombera-t-elle pas d'ailleurs en présence des motifs puissants de suspicion que donnent la tenue exacte des registres et l'emploi d'une feuille volante ? N'y aurait-il pas plutôt une connivence coupable ?

3° Si l'on admettait l'article 46 à faire valoir un acte rédigé sur une feuille volante, de quel droit ferait-on alors une distinction entre telle feuille volante et telle autre ? Ne serait-on pas conduit à regarder comme valables des actes reçus par l'officier public sur ses registres personnels, sur son carnet, sur n'importe quel chiffon de papier tombé par hasard entre ses mains ? On sent bien qu'il est impossible d'aller jusque-là, surtout en présence de l'article 52 qui considère toute inscription des actes de l'état civil faite sur une feuille volante comme une infraction à la loi.

4° On perdrait ainsi une partie des garanties que donne la loi dans la tenue de registres réguliers, notamment dans la succession des actes sans interruptions et des visas apposés sur chaque feuillet des registres. L'imprudence est d'autant plus évidente que l'on doit *a priori* supposer les registres bien tenus, réguliers, et que la rédaction d'un acte sur une feuille volante pourrait précisément cacher une fraude, grâce à la collusion de l'officier, par la facilité de l'antidate.

5° La loi elle-même nous indique comment il faut entendre l'article 46. Elle dit, en effet : « Nul ne peut » réclamer le titre d'époux et les effets civils du » mariage, s'il ne représente un acte de célébration » inscrit sur le registre de l'état civil, *sauf les cas* » *prévus* par l'article 46. » (Art. 194). Or, l'art. le 46 ne prévoit nullement la rédaction sur une feuille volante ; donc, d'après le Code lui-même, il serait impossible de suppléer à l'absence des registres d'un acte de l'état civil par la représentation d'une feuille volante qui le contiendrait. Il faudrait donc conclure « que l'acte, pour faire preuve, doit être inscrit sur » les registres, et que la production d'un acte inscrit » sur une feuille volante, lorsque, d'ailleurs, les » registres existent et sont bien tenus, n'autoriserait » pas l'admission de la preuve exceptionnelle de l'ar- » ticle 46 » (Demolombe, t. I, n° 323).

En cas d'omission d'un acte sur les registres de l'état civil, peut-on invoquer l'article 46 pour faire la preuve de l'omission et des dispositions de l'acte qui aurait dû figurer aux registres, lesquels sont, à part ce point, supposés réguliers ? On a soutenu que l'article 46 était applicable à ce cas, et on invoque, à l'appui de cette opinion, les motifs suivants :

1° L'article 15 de la loi du 25 mars 1817 ordonne : « de viser pour timbre et d'enregistrer gratis les actes » de procédure et les jugements à la requête du minis- » tère public ayant pour objet de réparer les *omis-* » *sions*, et de faire les rectifications, sur les registres » de l'état civil, d'actes qui intéressent les individus » notoirement indigents. » Le législateur admet donc les omissions et les actes qui les réparent. Or, de quelle manière ces omissions peuvent-elles être réparées, si ce n'est par la preuve testimoniale, puisque, dans l'hypothèse d'un acte omis, il n'y a rien sur les registres qui la remplace.

2° Il serait injuste de rendre les parties victimes d'une négligence de l'officier public.

3° On s'appuie encore sur l'article 14 de l'ordonnance de 1667, titre XX, copié par le Code civil.

4° Lors de la rédaction du Code, on reconnut au Conseil d'État « qu'il serait dangereux que la loi pré- » vît le cas d'omission, et qu'il était plus convenable » que les contestations auxquelles les omissions pour- » raient donner lieu fussent portées devant les tri- » bunaux, qui statueraient suivant les circonstances ». Donc, dit-on, la pensée du Code dans l'article 46 n'est ni exclusive ni limitative.

5° Enfin, une omission vis-à-vis de la personne qui s'en prétend la victime constitue pour elle l'inexistence des registres prévue par l'article 46.

Nous répondons après M. Demolombe (t. I, n° 324) :

1° La loi n'a pas l'habitude, quand elle pose des règles formelles, de laisser les exceptions qu'elles

peuvent réunir à l'arbitraire indéterminé des interprètes. Or, elle a établi comme principe que les registres de l'état civil ne peuvent pas être suppléés ;
exceptionnellement elle a consenti à ce que la preuve
testimoniale pût tenir lieu des registres ; mais elle a
eu soin d'indiquer à quelle condition elle entendait
que la preuve testimoniale fût possible : il faut ou bien
qu'il n'existe pas de registres, ou bien qu'ils soient
perdus. Ce n'est point par caprice que le législateur
a demandé ces deux conditions pour permettre de
passer outre à la règle qu'il venait de poser ; mais il
a pensé que cette preuve testimoniale, toujours hasar-
deuse, et dont il s'est toujours méfié, recevrait une
puissante garantie d'utilité et de sécurité, quand elle
interviendrait après que la perte ou l'inexistence des
registres seraient préalablement établies. On comprend qu'on ne s'en tienne pas d'une façon absolument rigoureuse aux deux hypothèses uniques prévues par l'article 46, et qu'on l'applique encore dans
les cas qui présentent avec celle-ci une certaine
analogie, tels que lacération, incendie partiel des
registres, etc.; mais rien n'autorise à suppléer par
les témoins à une prétendue omission, alors surtout
qu'on ne reproche rien aux registres, si ce n'est l'existence de cette lacune.

2° La loi a accordé une présomption complète de
certitude aux registres de l'état civil. Ce serait absolument contraire à son esprit que d'admettre les intéressés à attaquer les registres et les officiers, sous prétexte d'une omission dont ils se prétendent victimes.

3° En appliquant l'article 46 au cas d'une omission,
on enlèverait aux registres de l'état civil leur certitude

et leur stabilité ; on n'aurait, en effet, qu'à supposer n'importe quelle omission pour pouvoir prouver contre le contenu des registres. Ne voit-on pas combien, dans un pareil système, il serait facile d'éluder la loi, quelle porte toute grande ouverte on laisserait à la collusion.

4° Quant à l'argument tiré de la loi de 1817, il pourrait bien se faire qu'on comprît mal cette loi en l'appliquant à notre cas. Rien ne prouve, en effet, que le mot « omission » qu'elle contient désigne plutôt les omissions de certains actes sur les registres, que l'omission, dans le corps même des actes, de mentions qui devraient y figurer.

On trouve, il est vrai, des articles où la loi dispense les parties de représenter l'acte, et autorise des moyens particuliers pour suppléer à l'insuffisance des registres ; mais ce sont des cas précis, limités, dans les textes mêmes qui les prévoient, à certaines personnes et à des effets voulus. Ce sont là des hypothèses spéciales, déterminées, qui portent avec elles leur loi, et l'on peut dire qu'elles se présentent quand il est impossible de retrouver un acte, non lorsqu'il est omis sur les registres. (Art. 70, 71, 97.)

B. — Mise en pratique de la preuve exceptionnelle.

Quand la preuve permise par l'article 46 est reconnue admissible, il faut démontrer deux choses : d'abord l'inexistence ou la perte des registres de l'état civil ; puis, la naissance, le mariage ou le décès en question.

En ce qui concerne la perte ou l'inexistence des

registres, l'article 46 du Code décide que la preuve en sera reçue tant par titres que par témoins. Ce sont là des termes formels, impératifs, qui enlèvent par conséquent au juge le choix du moyen de preuve et son application, en sorte qu'il devra recevoir et écouter toute preuve, à quelque ordre qu'elle appartienne, par le moyen de laquelle une partie entend démontrer que les registres n'existent plus.

Quant aux mariages, aux naissances et aux décès, ils pourront, dit la loi, être prouvés tant par les registres et papiers domestiques émanés des père et mère décédés, que par témoins. Cette différence de rédaction nous montre que, dans le second cas, le législateur laisse aux juges la plus grande latitude ; ils peuvent se montrer, soit assez sévères pour s'en tenir à la lettre du Code, et exiger à l'appui des témoignages les registres et papiers émanés des parents décédés, soit plus faciles à convaincre, et permettre à la partie d'apporter, avec les dires des témoins, d'autres papiers que ceux exigés par l'article. Ils peuvent même ne pas exiger d'écrit du tout, et s'en référer à de simples présomptions.

C. — Effets de la preuve exceptionnelle.

L'effet de l'administration de la preuve tant par titres que par témoins est de reconstituer judiciairement l'acte de naissance, de mariage ou de décès. L'acte, ainsi reconstitué, aura les mêmes effets civils que l'acte inscrit sur les registres. Donc, le décès sera prouvé, et, en même temps, l'individualité de la personne décédée ; par suite, seront ouverts tous les

droits dont elle était investie. Le mariage sera établi
avec ses effets légaux, comme la légitimité de l'union
et des enfants. La naissance sera justifiée, et consé-
quemment la filiation légitime qui résulte de l'acte de
naissance.

Les auteurs et la jurisprudence admettent à peu
près sans conteste que l'article 46 a cet objet et cette
portée, quand il s'agit de remplacer des actes de mariage ou de décès ; mais, pour les actes de naissance,
des opinions diverses se sont produites.

On a prétendu, en effet, que la preuve testimoniale
ne pouvait porter que sur le simple fait de la naissance,
et qu'elle n'établissait d'une façon certaine que ses
suites matérielles ; que, par conséquent, si l'article 46
permettait de constater la venue au monde d'un enfant
d'un sexe ou de l'autre, tel jour, dans tel lieu déterminé, il était à coup sûr insuffisant pour créer la
filiation de cet enfant et lui donner une famille.
L'acte reconstitué judiciairement n'aurait pas, relativement à la filiation légitime, la force probante de
l'article 319 qui dit « que la filiation des enfants
» légitimes se prouve par les actes de naissance ins-
» crits sur les registres de l'état civil ».

Par suite, on serait obligé, toutes les fois qu'on se
trouverait dans l'un des cas prévus par l'article 46, et
que l'on voudrait prouver, outre le fait même de la
naissance, la filiation de l'enfant, de recourir à l'article 323, et de repousser la preuve par témoins *seuls*,
à moins qu'il n'y ait « commencement de preuve
» par écrit, ou que les présomptions ou indices ré-
» sultant de faits dès lors constants soient assez
» graves pour en déterminer l'admission ». Rien, dit-

on, dans l'article 46, ne permet de déroger à l'article 323 et à ses exigences particulières, et, s'il admet la preuve testimoniale *de plano*, sans le commencement de preuve par écrit ou les indices graves et les présomptions, c'est qu'il ne vise que la façon de remplacer les registres pour prouver la naissance en fait, et non pour établir les conséquences morales qui en résultent, c'est-à-dire la filiation. C'est donc à la naissance seule que l'article 46 doit être appliqué. S'il en était autrement, et que le Code eût voulu admettre la preuve testimoniale dénuée des garanties exigées dans l'article 323, pour établir la filiation, il s'en serait sans doute expliqué ; l'article 323, tout au moins, aurait visé l'article 46. Il serait étrange que, quand il s'agit du mariage et de ses effets moraux, le Code s'en fût référé à l'article 46, puisque l'article 194 porte que « nul ne peut réclamer le titre d'époux et » les effets civils du mariage, s'il ne représente un » acte de célébration inscrit sur le registre de l'état » civil, sauf *les cas prévus à l'article 46...*», tandis que la loi serait demeurée muette pour la filiation et se fût contentée de l'article 46 tout seul. Donc ce n'est pas l'article 46 seul qui est la loi de la filiation. Il est très naturel, d'ailleurs, que le Code ait exigé pour la preuve de la filiation quelque chose de plus que la preuve testimoniale, contre laquelle il a toujours conservé une certaine défiance en pensant aux intérêts si graves que la filiation gouverne. Il était d'une haute importance de donner aux familles les garanties les plus sérieuses contre les erreurs, la subornation possible des témoins, et les réclamations d'état, parfois audacieuses, et c'est pourquoi les précautions de l'article 323 ont été prises. (Marcadé, art. 46, n° 4 ; Demante, I, n° 91 *bis*.)

Nous ne pensons pas que ce système soit conforme à l'esprit de la loi, et nous ne l'adopterons pas. En effet :

1° Le but de l'article 46 est de tenir lieu des registres quand ils sont perdus ou détruits. Il prend une mesure générale, absolue, nettement formulée, sans exception ni réserve, et ce serait faire la loi que de créer, en dehors de ce texte, des cas particuliers qu'il n'aurait pas prévus et qui lui échapperaient.

Il a entendu suppléer aux registres par la preuve testimoniale, non pas à demi, non jusqu'à un point déterminé : la loi est générale dans sa simplicité. La règle est légère et n'admet ni complément ni interprétation ; la preuve des naissances, mariages et décès est reçue par témoins, quand il n'aura pas été tenu de registres, ou qu'ils auront été perdus : *Ubi lex non distinguit, nec nos distinguere debemus,* et ce serait faire une distinction fort arbitraire que de soumettre les naissances à une complication que l'article 46 n'a certainement pas prévue.

2° L'article 323 prend des précautions assurément légitimes et justifiées pour garantir les familles d'une filiation constituée par surprise ; aussi ajoute-t-il à l'article 46 des exigences particulières ; mais il faut bien remarquer qu'il prévoit une hypothèse spéciale qui n'est pas celle de l'article 46, et qui présente même avec elle une différence radicale. Loin de supposer, en effet, dans l'article 323, que les registres sont inexistants ou perdus, le Code les suppose régulièrement tenus. Il était naturel que, dans cette hypothèse particulière, on n'admit pas sans garanties spéciales la preuve par témoins. S'il est vrai qu'elle demeure toujours un peu suspecte aux yeux de la loi, elle doit l'être d'autant plus, dans l'hypothèse qui nous occupe, qu'elle est invoquée contre un état de choses normal et régulier.

De plus, l'article 323 est rendu contre les parties qui veulent faire la preuve; l'article 46, au contraire, est une faveur qui leur est accordée pour parer à une situation irrémédiable. Cette absence complète ou partielle de registres, par suite d'un cas de force majeure, rend vraisemblable la prétention du demandeur. Il n'y a donc aucun danger de permettre dans ces conditions la preuve testimoniale pour établir la filiation en même temps que la naissance, d'autant plus que les tribunaux conservent toujours leur pouvoir d'appréciation sur l'admission ou le rejet de la preuve. (Demolombe I, n° 326.)

Tels sont les principes généraux communs à tous les actes de l'état civil; nous allons examiner maintenant les règles spéciales à chacun d'eux.

§ 2. — *Naissances et décès.*

La preuve des naissances et décès s'établit, en règle générale, par des actes inscrits sur les registres de l'état civil. Ce principe souffre une exception que nous avons expliquée en commentant l'article 46 : la preuve testimoniale est exceptionnellement admissible quand les registres sont inexistants ou quand ils ont été perdus.

Nous avons émis l'opinion que la preuve testimoniale devait être écartée quand on l'invoquerait pour faire valoir un acte inscrit sur une feuille volante, ou pour réparer une prétendue omission ; mais faut-il aller jusqu'à dire que, dans ces deux hypothèses, on ne pourrait prouver par témoins une naissance ou un décès considérés comme simples faits matériels? Nous ne le pensons point et nous admettons ici les déclarations des témoins. Le Code civil réglemente en effet la preuve testimoniale pour d'autres cas que ceux visés par l'article 46 ; il lui demande même son aide pour établir la constatation des relations sociales que la filiation et le mariage créent entre les individus. Or, si le Code l'admet dans ces hypothèses, on ne peut la repousser qand il s'agit de constater les faits matériels des naissances ou des décès.

Rien de plus légitime, car la preuve testimoniale est, en principe, admissible quand il s'agit d'événements de l'ordre naturel, dont on a pu se procurer une preuve par écrit. Comment comprendre qu'un enfant ne puisse faire constater sa naissance par témoins, et se donner ainsi un âge, avec tous les effets qui en découlent, tels que la majorité, l'électorat, etc. ? Comment empêcher, d'autre part, les intéressés de prouver par témoins un décès survenu dans des conditions telles qu'ils n'aient pu s'en procurer aucune preuve littérale? Il faut donc admettre, croyons-nous, qu'à défaut d'actes inscrits sur les registres de l'état civil, et en dehors même des hypothèses prévues par l'article 46, la preuve testimoniale doit être reçue afin : 1° d'établir le fait absolu de la naissance et ses conséquences directes; 2° de constater le fait absolu du décès et l'individualité de la personne décédée.

Le résultat de cette preuve ne sera donc pas d'amener la constatation de la paternité ou de la maternité ; mais elle fixera l'âge, permettra d'ouvrir une succession et de constater le veuvage d'un époux qui veut contracter un nouveau mariage.

Ce dernier point a été contesté. On s'est appuyé sur un avis du Conseil d'État du 17 germinal an XIII, qui interdit aux femmes de militaires de se remarier si elles ne prouvent le décès de leur mari que par de simples actes de notoriété. On prétend que cet avis est une mesure restrictive générale prise contre la bigamie, et qu'il doit, par interprétation, s'appliquer aussi aux femmes des civils. Le Conseil d'État disait simplement : « 1° qu'il y aurait un extrême danger à » admettre comme preuves de décès de simples actes » de notoriété fournis après coup, et résultant le plus » souvent de témoignages achetés, ou arrachés à la » faiblesse ; qu'ainsi cette voie est impraticable ; 2° qu'à » l'égard de l'absence, ses effets sont réglés par le » Code civil, etc. En cet état, le Conseil estime qu'il » n'y a pas lieu de déroger au droit commun. » Remarquons d'abord qu'il s'agit ici d'un simple acte interprétatif, non d'un texte de loi, et qu'il ne saurait être appliqué en dehors du cas pour lequel il a été rendu. L'avis du Conseil d'État peut se justifier, en ce qui concerne les femmes de militaires, par le grand nombre de décès dont la simultanéité provoquerait des erreurs d'identité ; mais ce danger n'existe pas pour les décès ordinaires, et cet avis ne doit pas, à leur égard, modifier le droit commun.

Il faut observer, d'ailleurs, que le Conseil d'État a voulu uniquement proscrire les actes de notoriété comme moyen de prouver les décès des militaires. Or, nous n'avons jamais pensé à faire résulter la preuve des décès d'un acte de notoriété, mais d'une enquête spéciale qui est, en pareille hypothèse, la preuve de droit commun. Il faut reconnaître, du reste, que les tribunaux ne doivent se décider qu'en présence de témoignages graves, précis et concordants.

Dans toutes les circonstances que nous venons d'examiner, la preuve testimoniale sera administrée dans la forme d'une enquête spéciale ordonnée par le tribunal et dirigée par un jugement.

Il y a deux dérogations à cet usage ; la première est écrite dans l'article 70 du Code civil : « Celui des » époux qui serait dans l'impossibilité de se procurer » (son acte de naissance) pourra le suppléer, en » rapportant un acte de notoriété délivré par le juge » de paix du lieu de sa naissance, ou par celui de son » domicile ; » cet acte « contiendra la déclaration faite » par sept témoins, de l'un ou de l'autre sexe, parents » ou non parents, des prénoms, nom, profession et » domicile du futur époux, et de ceux de ses père et » mère, s'ils sont connus ; le lieu, et, autant que » possible, l'époque de sa naissance, et les causes qui » empêchent d'en rapporter l'acte. Les témoins signe- » ront l'acte de notoriété avec le juge de paix ; et s'il » en est qui ne puissent ou ne sachent signer, il en » sera fait mention. » (Art. 71.) La seconde exception résulte d'un avis du Conseil d'État du 4 thermidor an XIII, qui permet de suppléer à la preuve du décès des ascendants, dont le consentement ou le conseil est requis, dans le cas où il serait impossible de re- produire l'acte de leur décès, par la déclaration à

serment des futurs conjoints majeurs, certifiée par
cello, également à serment, des quatre témoins de
l'acte de mariage, que le lieu du décès et le dernier
domicile des ascendants sont inconnus.

Ce sont là des concessions exceptionnelles qui déro-
gent au mode habituel de la procédure d'enquête ;
mais on ne peut en conclure que la preuve testimoniale seule doive être repoussée comme mode de droit
commun, pour établir les simples faits des naissances
et des décès en dehors des cas prévus par l'article 46.

§ 3. — Mariage.

Les règles pour la preuve du mariage sont formu-
lées dans l'article 194, ainsi conçu : « Nul ne peut
» réclamer le titre d'époux et les effets civils du ma-
» riage, s'il ne représente un acte de célébration ins-
» crit sur le registre de l'état civil, sauf les cas prévus
» par l'article 46, au titre *Des actes de l'état civil*. »
Voilà le principe : ce sont les registres de l'état civil
qui font seuls preuve du mariage.

Cette règle comporte trois exceptions. La preuve du
mariage peut se faire :

1° Par témoins, au cas de perte ou d'inexistence
des registres (art. 46) ;

2° Par la possession d'état lorsque, après le décès
des père et mère, la preuve du mariage est administrée par les enfants (art. 197) ;

3° Au moyen d'une procédure criminelle, quand la
preuve régulière a été détruite par un fait coupable
(art. 198-200).

Voyons d'abord la règle, nous examinerons ensuite les exceptions.

La règle, c'est la rédaction sur les registres de l'état civil, et par-devant l'officier de l'état civil, d'un écrit qui constate l'accomplissement des formalités requises par la loi pour la perfection du mariage. Rien, en principe, ne peut suppléer à cette formalité, et les preuves destinées à établir les obligations ordinaires ne la remplaceraient pas. On invoquerait inutilement l'aveu et le serment : il ne s'agit plus d'établir l'existence d'une obligation résultant de la simple convention des parties. Le mariage est un acte solennel qui ne reçoit pas plus que les autres actes de l'état civil son existence de la seule volonté des contractants.

En dehors des cas prévus par l'article 46, la preuve testimoniale du mariage n'est pas admissible. Si le législateur l'a admise pour le fait de la naissance, et même avec des précautions déterminées, en matière de filiation (323), c'est qu'il se trouvait là en présence d'une nécessité. La naissance est un fait de nature dont l'enfant n'a pu se procurer une preuve ; le mariage est un fait juridique que les parties ont pu elles-mêmes faire constater suivant le mode prescrit; si elles s'en sont abstenues, elles ont commis une faute dont elles doivent subir les conséquences. Ainsi le fait de la célébration du mariage ne pourra jamais être prouvé par témoins en dehors de l'article 46.

Le principe de l'article 194 ne souffre même pas l'exception qu'apporte l'article 1347 à l'article 1341, et le commencement de preuve par écrit apporté par les parties ne leur permettrait pas d'invoquer les témoi-

gnages. Il ne fallait pas, en effet, abandonner le mariage, avec ses graves conséquences morales et sociales,
aux hasards et aux incertitudes de la preuve testimoniale.

L'acte de mariage doit être non seulement écrit,
mais encore inscrit sur les registres de l'état civil. En
présence du texte précis de l'article 194, tout le
monde est d'accord pour dire que l'acte représenté sur
une feuille volante n'a aucune force probante.

Faut-il maintenant reconnaître quelque efficacité à
la possession d'état d'époux ? C'est l'article 195 qui
répond : « La possession d'état ne pourra dispenser les
» prétendus époux qui l'invoqueront respectivement,
» de représenter l'acte de célébration devant l'officier
» de l'état civil. » Rien, en effet, n'indique que cette
possession d'état est conforme à la vérité juridique des
faits ; elle peut fort bien cacher une fraude, et la ca-
chera même d'autant mieux qu'elle sera plus longue
et paraîtra plus sérieuse. Cette présomption a pour
origine l'ordonnance de Blois, dont les articles 40 et
44 ont édicté la publicité des mariages sous les peines
les plus graves, « pour obvier aux abus et inconvé-
» nients qui adviennent des mariages clandestins. »
Disons qu'aujourd'hui, avec la tenue régulière des
registres de l'état civil, le défaut de représentation
d'un acte de célébration imprimerait plutôt à cette
possession d'époux légitimes le caractère de concu-
binage.

Arrivons aux exceptions.

I. — La première résulte du renvoi fait par l'article 194 à l'article 46. Il ressort de cette disposition
que, s'il n'a pas existé de registres, ou s'ils ont été

13

perdus, la preuve de la célébration du mariage peut être faite tant par les registres et papiers émanés des père et mère décédés que par témoins. Nous avons examiné en détail les règles de l'article 46 ; il est inutile d'y revenir.

II. — L'article 197 consacre en ces termes la deuxième exception : « Si , néanmoins , dans le cas des » articles 194 et 195, il existe des enfants issus de » deux individus qui ont vécu publiquement comme » mari et femme , et qui soient tous deux décédés, » la légitimité des enfants ne peut être contestée » sous le seul prétexte du défaut de représentation » de l'acte de célébration, toutes les fois que cette légiti- » mité est prouvée par une possession d'état qui » n'est point contredite par l'acte de naissance. »

La preuve du mariage résulte, en dehors de tout acte, du concours de certains évènements énumérés par la loi. Mais le but de l'article et son effet, c'est l'acquisition de la légitimité aux enfants qui ont déjà pour eux la possession d'état d'enfants légitimes , quand leur acte de naissance ne contredit pas cette possession, et qu'ils se trouvent d'ailleurs dans les conditions exigées par le texte ; c'est donc une façon exceptionnelle d'établir le mariage des parents dont ces enfants sont issus.

A quelles conditions l'article 197 subordonne-t-il la dérogation qu'il introduit aux principes généraux ? Il faut :

1° Que les père et mère soient tous deux décédés;

2° Qu'ils aient eu la possession d'état d'époux ;

3° Que les enfants aient la possession constante de l'état d'enfants légitimes;

4° Que leur acte de naissance ne vienne pas contredire cette possession d'état.

A. — La première condition exigée par l'article 197, pour la preuve extraordinaire du mariage, est le décès des père et mère. Le motif essentiel de l'article 197 est l'impossibilité où se trouve l'enfant d'obtenir des renseignements sur le lieu de la célébration du mariage. Or, si les parents vivaient encore, ils pourraient donner à l'enfant cette indication. C'est pour cela aussi qu'il faut le décès des deux parents ; car un seul survivant suffirait à guider les recherches, et l'on ne sortirait pas des cas ordinaires.

On controverse la question de savoir si les enfants peuvent invoquer les dispositions de l'article 197 quand les parents ne sont pas morts, mais absents ou interdits. Certains auteurs étendent l'exception à ces hypothèses. Le but de la loi, disent-ils, est de venir en aide aux enfants, et ils ont autant besoin de son secours lors de l'absence ou de l'interdiction de leurs père et mère que dans l'isolement où leur mort les a laissés. La faveur due à la légitimité devrait, ajoutent-ils, faire pencher la balance du côté le moins rigoureux, et rien n'empêche d'ailleurs d'admettre en faveur des adversaires de l'enfant les réserves suffisantes pour le cas où l'absent reviendrait, où le dément recouvrerait la raison. (Bonnier, n° 198 ; Valette, p. 294 ; Demolombe, III, n° 396.)

Nous croyons qu'on doit s'en tenir au texte strict de l'article. Nous sommes en matière exceptionnelle, et il ne faut pas se laisser aller à des extensions que rien n'eût empêché la loi de prévoir, si tel eût été son désir. Le législateur s'est toujours beaucoup préoccupé de ces questions d'état, où l'honneur des familles est souvent en jeu ; il n'est donc pas permis d'étendre sa pensée, et de lui prêter des prévisions qu'il n'a pas écrites. D'un autre côté, dans quelle situation se trouverait l'absent s'il revenait, ou l'aliéné s'il recouvrait la raison? Ils auraient, de par la loi, des enfants légitimes, et eux-mêmes seraient dans l'impossibilité de faire constater la légitimité de leur mariage. (Aubry et Rau, t. V, p. 19, n. 21.)

B et *C*. — La deuxième et la troisième condition exigent que les père et mère aient vécu publiquement comme mari et femme, et que les enfants aient été considérés comme enfants légitimes. Il faut, en un mot, que toute la famille ait eu la possession d'état de famille légitime.

Cette possession d'état s'établit par toute espèce de preuves, tant par titres que par témoins. Si, en effet, l'on examine les travaux préparatoires du Code, on voit que la rédaction primitive de l'article portait que la possession d'état, dans notre cas, devait être constatée « soit par des actes authentiques, soit par des » actes privés émanés de ceux qui contestent l'état » de l'enfant ». Cette disposition parut trop rigoureuse et ne fut pas insérée dans le texte même du Code ; d'où l'on doit conclure que cette double possession d'état peut être établie par tous modes de preuve.

D. — La quatrième condition exige que la possession d'état ne soit pas contredite par l'acte de naissance. Le projet du Code portait que l'enfant devait avoir un acte de naissance appuyé de la possession d'état. Mais le consul Cambacérès fit adopter le texte actuel de l'article. L'enfant n'est donc pas obligé de

produire un acte de naissance. S'il en produit un, il
suffit seulement qu'il ne soit pas contraire à sa possession d'état, qu'il ne le qualifie point, par exemple,
d'enfant naturel.

Ces quatre conditions réunies produiront en faveur
de l'enfant une présomption légale de légitimité ;
mais cette présomption n'a rien d'absolu, et l'on peut
toujours la combattre , puisque l'article 197 porte
« que la légitimité des enfants ne peut être contestée
» *sous le seul prétexte* du défaut de représentation de
» l'acte de célébration ». Elle peut, en effet, toujours
être combattue par les moyens à l'aide desquels on
combat d'habitude la légitimité. On peut, par exemple,
soutenir que le mariage devrait être déclaré nul à raison de quelque empêchement dirimant. En dispensant
l'enfant de représenter l'acte de mariage, l'article 197
n'a pas entendu établir en sa faveur une présomption
qui aurait plus de force que cet acte lui-même.

III. — La troisième exception à l'article 194 est
écrite dans les articles 198-200. Elle existe quand la
preuve de la célébration légale d'un mariage est acquise par le résultat d'une procédure criminelle. Mais
est-il nécessaire que ce soit un *crime*, ou bien cette
preuve peut-elle également résulter d'une procédure
ayant pour objet un simple délit ? Nous pensons que
la preuve de la célébration du mariage peut résulter
soit d'une procédure criminelle, soit d'une procédure
correctionnelle. En effet, à l'époque où le Code civil
fut rédigé, la distinction entre les crimes et les délits
n'était pas nettement tranchée, et l'on appelait procédure criminelle indistinctement toute procédure qui
se passait devant un tribunal répressif. De plus, le

projet primitif du Code ne prévoyait que la procédure exercée contre l'auteur d'une rédaction sur une feuille volante, c'est-à-dire un délit.

Qui intentera l'action? L'article 199 nous l'indique: ce seront les époux, ou bien, s'ils sont morts avant la découverte de la fraude, les personnes intéressées à sa répression, et le Procureur de la République; mais ceci n'est pas absolument exact.

En effet, le texte de notre article donnerait à penser que les particuliers intéressés eux-mêmes pourraient intenter l'action criminelle et saisir directement la Cour d'assises. C'est une erreur de rédaction, car la Cour d'assises ne peut être saisie que par un arrêt de la chambre des mises en accusation, et ce n'est que lorsqu'il s'agit d'un délit que la partie lésée peut, concurremment avec le Procureur de la République, saisir directement la juridiction pénale, qui est le tribunal correctionnel. Cette erreur s'explique parce que le projet d'article visait primitivement un simple délit, et permettait aux intéressés d'agir personnellement devant le tribunal correctionnel.

D'un autre côté, il ne faut pas prendre le texte de l'article 199 à la lettre, et subordonner l'exercice de l'action à la condition que les époux seront décédés sans avoir découvert la fraude. L'article a eu seulement en vue ce qui arrive habituellement. Quand les époux sont vivants, ce sont les plus intéressés, et il est naturel qu'ils aient l'action; mais ce n'est pas à dire que, s'ils ne l'intentent pas, et qu'il se trouve d'autres intéressés, ceux-ci ne pourront l'intenter de leur côté, Quant au ministère public, rien ne saurait l'empêcher d'exercer, comme dans les autres matières pénales, dans l'intérêt public, des poursuites du vivant des époux et sans provocation de leur part. Il aura en même temps le droit de conclure, comme partie principale, à fins civiles, ce qui constitue une dérogation au droit commun.

L'article 200 consacre également une dérogation remarquable aux règles générales de la procédure. Lorsque le coupable est mort, l'action criminelle n'est plus possible, et l'action civile seule peut être en jeu. Dans ce cas, les parties intéressées ne pourront intenter l'action, et le Procureur de la République aura seul qualité à cet effet. Une collusion était à craindre entre les demandeurs et les héritiers de l'officier public, qui, n'étant exposés à aucune peine corporelle, consentiraient facilement à laisser charger la mémoire de leur auteur d'un crime chimérique, dès qu'on les dédommagerait d'une condamnation à des dommages-intérêts par des sacrifices pécuniaires d'un chiffre bien supérieur.

Du reste, les parties ne sont pas désarmées, puisque l'article 200 porte que le Procureur de la République ne se mettra en mouvement que sur la réquisition des parties intéressées et en leur présence.

Lorsque la preuve d'une célébration légale du mariage ressort d'une procédure criminelle, le juge doit ordonner le rétablissement de l'acte sur les registres de l'état civil, et cette inscription, nous dit l'article 198, assurera au mariage, à compter du jour de sa célébration, tous les effets civils tant à l'égard des époux qu'à l'égard des enfants issus du mariage. Le jugement remplace l'inscription régulière aux registres; mais il est bon de faire remarquer qu'il n'a ni la mission ni l'effet de garantir le mariage contre les causes possibles de nullité. Il est certain que, si le mariage a été entaché d'un vice tel que la bigamie, l'inceste, la violence, etc., les parties pourront, nonobstant le jugement, en demander la nullité, car le seul but du jugement, c'est de rendre le mariage constant, comme les registres eux-mêmes l'auraient établi.

§ 4. — *Filiation.*

Il y a deux sortes de filiation, la légitime et la naturelle : la première produite par l'union légitime de l'homme et de la femme, la seconde par l'union simplement naturelle.

Si l'on consultait seulement les règles posées par le Code au titre *De la preuve testimoniale*, il faudrait accorder la plus grande latitude à l'enfant qui veut prouver son origine, puisqu'il s'agit ici, non pas d'une convention dont il lui était facultatif de dresser acte, mais d'un fait dont il lui était impossible de se ménager une constatation écrite. Toutefois, la crainte qu'on abusât des témoignages pour se procurer un état imaginaire a fait sacrifier à l'intérêt général de la société l'intérêt particulier de quelques enfants dépourvus des preuves spéciales exigées par le législateur.

Il existe, d'ailleurs, une inégalité très grande entre l'union légitime et l'union naturelle, non seulement au point de vue de la morale, mais au point de vue de la loi. La conséquence de cette inégalité, c'est que tous les éléments de l'union illégitime sont traités par la loi avec une défaveur marquée.

Cette situation inégale des enfants naturels commence à leur venue au monde, et nous trouvons là des différences profondes entre les règles de la filiation légitime et celles de la filiation naturelle. Nous allons étudier le rôle que joue la preuve testimoniale dans la constatation de la filiation soit légitime, soit naturelle.

A. — Filiation légitime.

Nous croyons devoir ici rappeler en quelques mots les règles ordinaires de la preuve en matière de filiation.

Si une personne veut établir qu'elle est légitimement issue de deux autres, elle aura cinq faits à prouver :

1° Que l'homme et la femme dont elle se prétend issue ont été unis en légitime mariage ;

2° Que l'épouse est accouchée ;

3° Que l'enfant dont elle est accouchée est la personne demanderesse ;

4° Que sa conception et sa naissance se trouvent comprises dans l'époque assignée par la loi aux conceptions et naissances légitimes ;

5° Que l'époux est l'auteur de la conception.

De ces cinq éléments nécessaires pour établir la filiation, nous n'avons à examiner que le deuxième et le troisième, c'est-à-dire comment celui qui se prétend enfant légitime pourra prouver : 1° que la femme dont il se prétend issu est accouchée ; 2° qu'il est l'enfant dont elle est accouchée. Le second point une fois prouvé, le premier s'en conclut par voie de conséquence.

La filiation légitime est constituée de trois façons

différentes : 1° par l'acte de naissance écrit aux registres de l'état civil; 2° par la possession d'état d'enfant
légitime ; 3° par la preuve testimoniale.

I. — « La filiation des enfants légitimes, dit l'ar-
» ticle 319, se prouve par les actes de naissance inscrits
» sur le registre de l'état civil. » Cette inscription sur les
registres, quand elle contient l'indication de la femme
dont l'enfant est issu, prouve d'une façon certaine la
maternité. Il ne reste alors à l'enfant qu'à faire la
preuve de son identité avec celui dont est accouchée
cette femme; et cette preuve sera possible par tous les
moyens, possession d'état, preuve par témoins, etc.
La preuve par témoins, ici, doit être largement admise,
car c'est un fait seulement qu'elle doit corroborer, et
il n'est pas besoin qu'elle soit présentée avec un commencement de preuve par écrit. L'article 323 ne doit
pas être appliqué à l'espèce qui nous occupe. En effet,
cet article ne permet d'admettre la preuve par témoins
qu'à défaut de titre; ici le titre existe. Il était naturel
qu'une personne se présentant pour réclamer l'état
de fils légitime de parents qui n'ont pas même fait
inscrire sa naissance aux registres de l'état civil,
fût accueillie avec défiance; rien de pareil, on le
conçoit, devant la réclamation d'un enfant qui montre
déjà des registres publics favorables à sa demande.
La preuve contraire est cependant opposable aux indications de filiation que contiennent les registres ; la
filiation écrite aux registres résulte, en effet, des
seules déclarations des parties, déclarations que l'officier de l'état civil ne peut faire contrôler. Quand, au
contraire, l'officier mentionne des faits qu'il a vus
personnellement, quand il déclare, par exemple, qu'à

telle heure, tel jour, on lui a apporté un enfant nou-
veau-né dont il a reconnu le sexe, on ne peut contredire les registres que par la procédure de l'inscription
de faux.

II. — On prouve encore la filiation légitime par la
possession d'état. On a recours à ce moyen d'établir
la filiation quand on ne peut rapporter un acte de
naissance. Mais nous sommes d'avis que le texte s'applique toutes les fois que, pour une cause ou pour
une autre, l'acte de naissance n'est pas représenté. Il
ressort, en effet, des travaux préparatoires du Code
que l'article 320 a une portée générale qui permet de
l'invoquer dans toutes les hypothèses où le titre vient
à faire défaut.

En admettant la possession d'état au nombre des
moyens de prouver la filiation, le législateur a pensé
que si des parents, durant un nombre d'années peut-
être considérable, ont constamment traité un enfant comme leur descendant, il y avait là une présomption que cet enfant était bien le leur, tout
aussi grande au moins que la présomption fournie
par les registres, après une simple déclaration non
contrôlée.

Qu'est-ce maintenant que la possession d'état ?
Les anciens interprètes avaient analysé la possession d'état dans ces trois mots : *nomen*, *tractatus*,
fama.

Les juges sont souverains appréciateurs des faits
qui la constituent ; mais ils ne doivent accorder effet
qu'à une possession d'état constante. Il faut que l'enfant ait été constamment en possession du titre de
légitime pour pouvoir en argumenter. C'est ce qui

ressort d'une façon formelle des articles 320 et 321.

La possession d'état a sur l'acte de naissance l'avantage de dispenser celui qui s'en prévaut de la preuve de son identité. Cette preuve se trouve faite par la force même des choses : une personne ne pouvant être traitée comme l'enfant de telle femme, sans qu'il soit avéré par là même que cette femme est accouchée et que cette personne est l'enfant qu'elle a mis au monde. Mais la possession d'état toute seule ne peut établir la filiation de manière à la mettre au-dessus de toute attaque; elle peut être combattue par toutes preuves contraires.

Il en est autrement s'il y a en même temps titre et possession conforme à l'acte de naissance. Quand ces deux preuves se prêtent un mutuel appui, le législateur n'a pas permis de contester l'état de l'enfant. Toutefois l'article 322 n'interdit pas d'établir que l'acte de naissance invoqué n'est pas celui de l'individu qui a la possession d'état, ni de prétendre qu'il a été substitué à l'enfant désigné dans l'acte.

III. — Si le titre et la possession d'état font défaut tous les deux, il n'y a pas d'autre ressource que la preuve testimoniale. C'est ce qu'indique en ces termes l'article 323 : « A défaut de titre et de possession cons-
» tante, ou si l'enfant a été inscrit soit sous de faux
» noms, soit comme né de père et mère inconnus, la
» preuve de la filiation peut se faire par témoins.... »
L'article ajoute que la preuve testimoniale doit être appuyée d'un commencement de preuve par écrit, ou bien que des indices ou des présomptions résultant de faits dès lors constants soient assez graves pour en déterminer l'admission.

L'article 323 réglemente donc deux points que nous allons examiner successivement :

1° L'admission de la demande à preuve de filiation légitime, dans l'hypothèse où l'enfant, n'ayant ni titre ni possession d'état, ne peut soutenir sa prétention que par la preuve testimoniale ;

2° Les conditions particulières de l'admissibilité de la preuve testimoniale dans ce cas particulier.

I.— La demande qui a pour objet la filiation prend le nom d'action en *réclamation d'état*. Quand peut s'intenter cette action ? La réclamation d'état est possible :

a. Quand il n'y a pas de titre, c'est-à-dire quand la partie ne peut pas apporter d'acte de naissance à l'appui de sa demande, et qu'elle n'a pas une possession d'état qui lui donne déjà une filiation.

b. La réclamation d'état est encore possible quand le titre n'est pas conforme à la réalité des choses, c'est-à-dire quand l'enfant a été inscrit sous de faux noms dans son acte de naissance, ou bien quand il a été porté sur les registres de l'état civil comme né de père et mère inconnus. Il y a un titre, mais l'enfant veut agir contre lui, et demande à le combattre ; il pourra le faire sans être préalablement obligé à détruire les actes invoqués contre lui par la voie de l'inscription de faux. Cette facilité résulte de ce que le réclamant n'attaque pas les registres eux-mêmes, mais seulement des énonciations qui sont l'œuvre des parties et que l'officier public a consignées sans pouvoir les contrôler.

La réclamation d'état est encore possible dans deux cas non prévus par l'article 323. D'abord, quand il n'y a pas de titre, mais une simple possession d'état, l'enfant peut réclamer un autre état que celui que cette possession d'état lui attribue. Enfin, lorsque la possession d'état n'est pas conforme au titre, l'enfant peut vouloir conserver la qualité que lui donne la possession d'état contre le titre. Dans ces deux cas, il y a lieu à réclamation d'état.

II. — Sous quelles conditions l'enfant pourra-t-il employer la preuve testimoniale pour sa réclamation d'état?

L'article 323 répond que la preuve testimoniale est recevable seulement lorsqu'il y a commencement de preuve par écrit ou lorsque les présomptions ou indices résultant de faits dès lors constants sont assez graves pour en déterminer l'admission. Les tribunaux sont souverains appréciateurs de la gravité de ces présomptions et de la valeur des commencements de preuve par écrit qui peuvent résulter soit des titres de famille, des registres et papiers domestiques du père ou de la mère, soit d'actes publics et même privés, émanés d'une partie engagée dans la contestation ou qui y aurait intérêt si elle était vivante.

Mais quels caractères doit présenter le commencement de preuve par écrit? Sont-ils les mêmes en matière de filiation qu'en matière conventionnelle? L'article 323 n'est-il, sur ce point, que la reproduction de l'article 1347? Le commencement de preuve par écrit exigé par la loi pour la filiation est bien toujours un écrit qui ne fait pas à lui seul preuve suffisante des prétentions de la partie qui le présente, mais qui a trait à la contestation d'une façon assez directe pour lui fournir un élément. Mais la loi est ici plus large qu'en matière ordinaire, relativement à l'origine des

écrits invoqués comme commencement de preuve :
il n'est plus nécessaire qu'ils émanent exclusivement
de celui contre qui la réclamation d'état est dirigée ou
de celui qu'il représente; ils peuvent émaner encore
de toute partie engagée dans la contestation ou qui
aurait intérêt au procès si elle était vivante; telle serait
une pièce émanée d'un défunt frère légitime de la
personne dont le réclamant se prétend lui-même frère
légitime. La loi, plus sévère en matière de filiation
qu'en matière de droit commun pour l'admissibilité
de la preuve testimoniale, a cru devoir être plus facile
sur l'origine et les qualités de l'écrit constitutif du
commencement de preuve. Il était naturel, en effet,
qu'elle ne se montrât pas très exigeante quant à la
nature même des écrits qui pouvaient servir de commencement de preuve, puisque de simples présomptions, de simples indices possédaient la même vertu.

Ces indices et ces présomptions peuvent varier à
l'infini ; il suffit qu'ils présentent les caractères voulus
par la loi, c'est-à-dire qu'ils offrent une gravité suffisante. Le Code a donc entendu laisser aux juges un
grand pouvoir d'appréciation : ils seront les maîtres
de décider quand la gravité des indices et des présomptions leur paraîtra suffisante.

Si le tribunal juge que les conditions d'admissibilité
de la preuve testimoniale sont remplies, il autorise le
réclamant à faire entendre les témoins. Il faut alors
que le demandeur établisse par ces témoins que la
femme mariée dont il se dit l'enfant est accouchée et
qu'il est l'enfant dont elle est accouchée. Ses adversaires auront à leur disposition, pour faire la preuve
contraire, tous les moyens propres à renverser ses

prétentions, par suite la preuve testimoniale sans commencement de preuve par écrit, puisque aucun article ne leur impose cette condition.

Quel sera contre le mari l'effet de la preuve de la maternité rapportée contre la femme ? La maternité étant une fois prouvée, la présomption légale qui attribue au mari la paternité de l'enfant conçu pendant le mariage en sera-t-elle la conséquence ? Il faut distinguer deux hypothèses.

La première est celle où la réclamation d'état a été formée contre la mère seulement, sans que le mari ait été mis en cause. Nous pensons alors que la présomption de paternité du mari peut être combattue par tous les moyens possibles et que le juge est libre de former sa conviction en examinant tous les indices et toutes les présomptions. L'article 325 ne saurait viser cette hypothèse ; car le jugement établissant la maternité ne peut en aucune façon être opposé au mari qui n'était pas partie aux débats.

L'article 325 s'applique donc à notre seconde hypothèse. Dans celle-ci, la réclamation d'état a été formée simultanément contre la mère et contre le mari. La présomption légale de paternité résulte de la preuve de la maternité. Mais ce n'est plus ici qu'une présomption légale ordinaire, qu'il est permis de détruire au moyen de toute espèce de preuve contraire, et c'est alors que l'article 325 permet au mari d'employer, pour soutenir qu'il n'est pas le père de l'enfant, tous les moyens de preuve qu'il jugera convenables. La filiation se trouve d'habitude constituée au regard du mari par les registres de l'état civil, auxquels la présomption de l'article 312 donne une force presque indestructible ; et la seule façon dont le mari puisse, dans ces conditions, combattre la légitimité de l'enfant, c'est le désaveu.

Il ne s'agit pas, de la part du mari, dit M. Demolombe (V, n° 259), d'exercer une action en désaveu tendant à dépouiller l'enfant de sa légitimité, mais bien plutôt d'une défense par laquelle il veut l'empêcher de l'acquérir. Il en résulte que la présomption de paternité peut être combattue non seulement par le mari et ses héritiers, mais par quiconque défend à l'action en réclamation d'état, sans compter les héritiers de la femme, et cela même au delà des délais qui limitent l'exercice de l'action en désaveu.

De ce qui précède nous pouvons conclure que le troisième moyen de prouver la filiation légitime est, comme efficacité, quelque peu inférieur aux deux autres. Le titre, en effet, ne laisse place qu'au désaveu ; et la possession d'état ne résulte que de circonstances qui ne semblent même pas laisser place au désaveu, tandis que la preuve testimoniale peut être combattue avec toute la latitude que comporte l'article 325.

B. — Filiation naturelle.

Sous la rubrique générale de filiation naturelle, le Code comprend deux catégories d'enfants : les enfants naturels simples et les enfants nés d'un commerce adultérin ou incestueux. Laissant de côté la preuve de la filiation adultérine ou incestueuse, qui est interdite, nous allons rechercher par quels moyens se prouve la filiation des enfants naturels simples.

I. *Titre.*—La filiation naturelle s'établit, en principe,

14

par un acte de reconnaissance. C'est l'aveu fait par le père ou la mère de l'enfant naturel, ou par tous deux ensemble, que l'enfant est le fruit de leurs œuvres. Si cet aveu n'est fait que par l'un d'eux, il n'y a de filiation que vis-à-vis de celui-là, et la reconnaissance déclarée par l'un d'eux ne produit nul effet au regard de l'autre, à moins qu'il n'ait reçu de lui procuration en forme de reconnaître l'enfant pour lui. La reconnaissance, pour être valable, doit émaner d'une personne capable de volonté, manifestant cette volonté sans dol, sans erreur et sans pression.

Quant à la forme de la reconnaissance, l'article 334 dispose que « la reconnaissance d'un enfant naturel » sera faite par un acte authentique, lorsqu'elle ne » l'aura pas été dans son acte de naissance ». L'authenticité est donnée aux reconnaissances par la qualité de l'officier public devant lequel on l'effectue. Ces officiers sont : les maires, les notaires, les juges de paix, les tribunaux, et les juges commissaires ou instructeurs, quand la reconnaissance a été faite devant eux, dans l'exercice de leurs fonctions.

Cette énumération est rigoureusement limitative ; mais l'on regarde généralement comme ayant obtenu le caractère de l'authenticité une reconnaissance faite d'abord en particulier, lorsqu'elle est passée ensuite par les mains de l'officier compétent pour la rendre authentique, comme il arriverait, par exemple, d'une reconnaissance consignée dans un acte sous seing privé, que son auteur déposerait ensuite chez un notaire. Enfin, il est bon de remarquer que l'efficacité de la reconnaissance est indépendante de celle des conventions ou dispositions constatées par l'acte au-

thentique qui la renferme. « C'est ainsi que la recon-
» naissance contenue dans un contrat de mariage est
» efficace, bien que les conventions matrimoniales se
» trouvent destituées de tout effet par suite de la non-
» célébration du mariage projeté. » (Aubry et Rau,
t. VI, p. 171.)

II. *Possession d'état.* — Aucun des articles qui se
préoccupent d'assurer une filiation aux enfants naturels ne fait, de près ou de loin, allusion à la possession d'état. Aussi, en présence de ce mutisme de la
loi, s'est-on demandé si la possession d'état devait
être comptée parmi les moyens de preuve de filiation
naturelle. La possession d'état est, dit-on, une preuve
de l'état ; c'est une véritable reconnaissance de tous
les instants. Elle a sur les autres moyens de preuve
l'avantage d'établir l'identité en même temps que la
filiation. Quant au silence du Code, on l'explique
en disant que le chapitre III, spécial à la filiation
naturelle, est insuffisant dans ses dispositions, et qu'on
est, en général, d'accord pour emprunter au chapitre II les articles 326 et suivants, relatifs à la filiation
légitime, afin de les appliquer à la filiation naturelle.

Nous ne pensons pas que la possession d'état doive
être comptée parmi les modes de preuve de la filiation
naturelle. Rien, en effet, n'empêchait les rédacteurs
du Code de s'exprimer, au sujet de la possession d'état
en matière de filiation naturelle, comme ils l'avaient
fait pour la filiation légitime, et leur silence indique
leur volonté. Ils connaissaient assurément toute l'efficacité de la possession d'état et toutes les conséquences
qu'elle fait présumer vis-à-vis de ceux qui la laissent
s'établir ; si donc ils ne l'ont pas consacrée comme

une preuve de la filiation naturelle, c'est qu'ils ont voulu lui refuser cet effet. Si l'on admet la possession d'état comme moyen de preuve de la filiation naturelle, il faut également l'admettre pour constater la filiation adultérine et incestueuse. En effet, le Code ne prohibe pas d'une façon générale la preuve de la filiation adultérine et incestueuse ; il procède par voie de proscription partielle. C'est ainsi qu'il interdit la recherche judiciaire dans l'article 342 et la reconnaissance par acte authentique dans l'article 335. Mais il n'a défendu nulle part la preuve par possession d'état ; celle-ci resterait donc permise. Or, il est bien évident que l'article 342 a voulu prohiber toute recherche de filiation adultérine ou incestueuse. (Aubry et Rau, t. VI, p. 200 ; Marcadé, art. 340, vi; Cass. 3 avril 1872, Sir. 72, I, 426; Poitiers, 8 juin 1880, Dall. 81, II, 78.)

III. *Preuve testimoniale.* — A défaut de titres, c'est-à-dire de reconnaissance volontaire dans un acte authentique, il y a lieu à la recherche de la maternité et de la paternité.

En s'en tenant au texte même de la loi sur la filiation naturelle, nous voyons une différence capitale entre la filiation paternelle et la filiation maternelle. Tandis, en effet, que l'article 341 pose en règle, sans restriction, que la recherche de la maternité est admise, l'article 340 interdit formellement la recherche de la paternité.

Nous allons examiner successivement comment l'enfant qui désire se constituer sans reconnaissance une filiation paternelle seule ou maternelle seule, devra procéder.

1° *Paternité.* — La recherche de la paternité est, en principe, interdite. L'article 340 apporte une exception à cette règle dans le cas d'enlèvement, lorsque l'époque de cet enlèvement se rapportera à celle de la conception. Le ravisseur pourra alors être, sur la demande des parties intéressées, déclaré père de l'enfant.

L'article s'applique à tout enlèvement commis par violence envers une mineure, comme envers une majeure. Il s'applique également à l'enlèvement d'une fille mineure au-dessous de seize ans, qui aurait volontairement suivi le ravisseur, et même au viol.

La preuve de l'enlèvement et de la paternité peut se faire par témoins, sans même qu'il soit besoin d'un commencement de preuve par écrit, les parties intéressées ayant été dans l'impossibilité de se procurer une preuve littérale. Les tribunaux apprécient, d'ailleurs, la pertinence des faits allégués.

Ajoutons qu'on ne pourrait chercher à établir, même au cas de viol ou de rapt, une filiation adultérine ou incestueuse, la disposition de l'article 342 étant absolue.

2° *Maternité.* — « La recherche de la maternité est » admise. L'enfant qui réclamera sa mère sera tenu » de prouver qu'il est identiquement le même que » l'enfant dont elle est accouchée. Il ne sera reçu à » faire cette preuve par témoins que quand il aura un » commencement de preuve par écrit. » Ainsi s'exprime l'article 341. Le réclamant a deux faits à prouver : l'accouchement de la femme qu'il prétend être sa mère, et son identité avec l'enfant qu'elle aurait mis au monde. Y a-t-il entre ces deux faits un ordre de priorité? Il résulte, du texte même et de la force des choses, que l'identité de l'enfant ne peut être prouvée qu'après l'accouchement de la mère. On comprend peu qu'une tentative soit faite pour prouver l'identité, avant que l'accouchement soit incontestablement établi.

L'accouchement et l'identité sont également susceptibles d'être prouvés par témoins. Mais la preuve testimoniale doit être appuyée d'un commencement de preuve par écrit, portant sur les deux éléments à la fois : l'identité de l'enfant, d'une part, et, d'autre part, l'accouchement de la prétendue mère.

Mais de quel commencement de preuve par écrit notre texte entend-il parler? Tout écrit est-il susceptible de devenir un commencement de preuve? ou bien doit-on s'en référer à l'article 1347? Nous pensons que le commencement de preuve par écrit doit émaner directement de la femme elle-même à laquelle la maternité est attribuée. Les principes généraux, en présence du silence de l'article 341, conduisent à appliquer l'article 1347. D'ailleurs, si, d'après les articles 334 et 336, la preuve complète de la maternité naturelle ne peut résulter que d'une reconnaissance ou d'un aveu de la mère elle-même, ne découle-t-il pas de ce principe que le commencement de preuve par écrit, exigé par l'article 341, doit nécessairement émaner de la femme dont la maternité est recherchée? N'y a-t-il pas contradiction à appliquer la disposition de l'article 324 à la filiation naturelle, alors qu'on refuse d'y étendre celle des articles 320, 322 et 323?

Le commencement de preuve par écrit émanant de la mère est évidemment opposable à toute personne indistinctement, tandis que la raison, l'équité et les principes de l'article 1347 ne permettent, sans une dérogation expresse de la loi, d'opposer les écrits étrangers à la mère qu'aux auteurs de ces écrits. (Demol., t. V, n° 503 ; Aubry et Rau, t. VI, p. 204 ; Bonnier, n° 145 ; Poitiers, 8 juin 1880, Dall. 81, II, 78. — *Contrà* Douai, 29 janvier 1879, Dall. 80, II, 213.)

Des présomptions ou indices graves pourraient-ils remplacer le commencement de preuve par écrit et permettre de faire entendre des témoins? Nous pensons que l'article 323 n'est pas applicable ici. L'article 341 est formel dans sa teneur et ne supporte nulle modification. Il serait, en effet, particulièrement dangereux qu'on portât atteinte à l'honneur d'une femme sur l'existence de simples indices (C. de Cass. de Belgique, 24 juin 1880 ; Dall. 80, II, 209).

SECTION II.

DE LA PROHIBITION DE LA PREUVE TESTIMONIALE DANS QUELQUES CONVENTIONS.

Il existe dans le Code, en dehors des questions d'état, des dispositions exclusives de la preuve testimoniale. Elles appartiennent à deux catégories différentes. Dans l'une, l'écriture est de l'essence de la convention ou disposition, qui ne saurait exister en dehors de l'acte instrumentaire : nous voulons parler des actes solennels. Dans l'autre catégorie, si la preuve testimoniale est toujours et indistinctement rejetée, quel que soit l'intérêt juridique du fait, et quand même on produirait un commencement de preuve par écrit, ce n'est pas que l'écriture soit une condition substantielle de l'acte, c'est qu'aux yeux du législateur ce moyen offre plus de garantie et empêche la multiplicité des procès.

Remarquons que dans les divers cas où la loi exige une preuve écrite, quand bien même la chose n'excède pas la valeur de 150 francs, elle exclut en même temps la preuve testimoniale avec un commencement de preuve par écrit. Cette double dérogation aux dispositions de l'article 1341 et de l'article 1347 est constamment inséparable.

§ 1. — *Autorisation expresse du mari.*

L'article 217 exige que le consentement exprès du mari soit constaté par écrit; la preuve testimoniale est donc ici inadmissible. Il faut recourir à la preuve écrite, à l'aveu et au serment. Le Code reconnaît deux sortes d'autorisation : l'une expresse, l'autre tacite; mais il veut que l'autorisation, lorsqu'elle est expresse, soit prouvée par écrit. L'écrit n'est pas exigé *ad solemnitatem*, mais seulement *ad probationem*.

Si l'autorisation a été tacite et a résulté du concours du mari à la convention ou même de sa simple participation à l'acte, il n'y a aucune distinction à faire, quant à l'admissibilité des moyens de preuve, entre la preuve de l'engagement lui-même et la preuve des conditions particulières de sa validité, au nombre desquelles figure l'autorisation du mari.

§ 2. — *Bail.*

Parmi les conventions soumises à des règles exceptionnellement restrictives, nous rencontrons en premier lieu le louage des maisons et des biens ruraux,
sous l'article 1715 qui s'exprime ainsi : « Si le bail fait
» sans écrit n'a encore reçu aucune exécution, et que
» l'une des parties le nie, la preuve ne peut être reçue
» par témoins, quelque modique qu'en soit le prix. »
Le serment peut seul être déféré à celui qui nie le
bail. Il fallait couper court à une foule de contestations qui se seraient produites usuellement, surtout
au grand détriment des petits locataires. Il est certain
que la présence d'un écrit simplifie de beaucoup les
choses, et que le Code, ne permettant pas de plaider à
ceux qui invoquent seulement l'autorité des témoins,
supprime d'un coup une infinité de contestations.

Le commencement de preuve par écrit ne saurait rendre admissible la preuve testimoniale. L'article 1715 édicte, en effet, une prohibition absolue,
sans restriction ni réserve.

Il ne distingue pas entre le cas où l'une des parties
invoquerait un commencement de preuve par écrit et
le cas contraire. La seule distinction qu'il fasse, relativement à l'admission ou au rejet de la preuve par
témoins, c'est si le bail a ou non reçu un commencement d'exécution ; s'il ne l'a pas reçue, la délation du
serment peut seule être admise. Il nous paraît impossible d'admettre que, dans l'article 1715, on ait dérogé
seulement à la disposition qui permet d'admettre la
preuve testimoniale, même sans commencement de

preuve, lorsque l'objet est de 150 fr. ou au-dessous, mais qu'on n'ait pas voulu, pour cela, abroger les autres règles générales sur les preuves des conventions. Ce n'est pas seulement à l'article 1341, c'est aussi à l'article 1347 que l'article 1715 a entendu déroger. Quand il n'a pas été fait de bail écrit, le serment est le seul mode de preuve que le législateur admette; quant à la preuve testimoniale, il ne l'admet en aucune façon, ni comme preuve unique au-dessous de 150 fr., ni comme preuve complémentaire lorsqu'il existe un commencement de preuve par écrit. Il est impossible de penser que l'article 1715 se fût exprimé comme il l'a fait s'il avait entendu admettre la preuve testimoniale avec le commencement de preuve par écrit. De plus, dans le système du Code, la preuve testimoniale jusqu'à 150 fr. et la preuve testimoniale avec un commencement de preuve par écrit, lorsqu'il s'agit d'une somme supérieure, sont complètement assimilées et placées sur la même ligne. Or, d'après la doctrine que nous combattons, le législateur, par une contradiction inexplicable, se serait, en matière de bail, montré d'autant plus tolérant, d'autant plus facile à admettre la preuve testimoniale, qu'il s'agissait de sommes plus importantes. Nous croyons qu'une telle interprétation doit être repoussée. Ainsi, quel que soit le prix du bail, qu'il existe ou qu'il n'existe pas de commencement de preuve par écrit, peu importe : dans tous les cas, nous croyons que la preuve testimoniale est inadmissible. L'article 1715 ne distingue pas (Larombière, art. 1347, n° 33; Duranton, n° 54; Troplong, n° 112; Marcadé, art. 1715, n° 2). La Cour de cassation, qui avait d'abord repoussé cette doctrine, a fini par l'admettre dans un arrêt du 19 février 1873 (Sir. 73, I, 99).

Le louage est un contrat consensuel qui peut se former verbalement aussi bien que par écrit. A défaut d'écrit, il resterait alors, comme moyen de preuve, l'aveu de la partie à laquelle, en cas de dénégation, son adversaire est autorisé à déférer le serment. Il s'agit ici, croyons-nous, du serment décisoire, car le serment supplétoire n'est admis qu'autant que la demande est justifiée en quelque chose (art. 1367). Or, l'article 1715 ne suppose rien de semblable. S'il parle de serment déféré à la personne qui nie le bail, c'est que d'ordinaire le serment est déféré par celle qui en demande l'exécution ; mais rien n'empêche que, suivant le droit commun, celle qui nie le bail ne puisse le référer à son adversaire.

L'article 1715 dispose, avons-nous dit, que, si le bail fait sans écrit n'a encore reçu aucune exécution et que l'une des parties le nie, la preuve par témoins en est interdite, quelque modique qu'en soit le prix. Des auteurs en ont conclu que la preuve testimoniale est, au contraire, admissible lorsque le bail a reçu un commencement d'exécution. L'article 1715 le décide clairement, disent-ils, puisqu'il dit que la preuve par témoins de l'existence d'un bail verbal peut avoir lieu quand il a reçu un commencement d'exécution. Or, cet article ne suppose pas que les parties qui n'ont point fait d'écrit quant au louage, en auront fait un pour constater son commencement d'exécution. (Duranton, XVII, n° 56 ; Troplong, n°s 113 et suiv.)

Nous pensons que si le commencement d'exécution est dénié, la partie qui s'en prévaut ne peut être

admise à la preuve testimoniale des faits de jouissance qui seraient, d'après elle, constitutifs de ce commencement d'exécution. L'article 1715 n'a entendu parler que d'un commencement d'exécution avoué et reconnu par les parties, ce qui ne permet plus de contestation sur l'existence même du bail, mais seulement sur ses clauses et conditions (Marcadé, art. 1715, iii). Ce serait alors accueillir la preuve testimoniale de l'existence même du bail. « Admettre, dit la Cour de cassa-
» tion, à prouver par témoins des faits considérés
» comme un commencement d'exécution du bail
» verbal, ce serait admettre, comme conséquence
» nécessaire, la preuve testimoniale d'un bail verbal,
» preuve formellement interdite par la loi. » (14 janvier 1840 ; Dall., *Rép. de lég.*, v° LOUAGE, n° 131.)

§ 3. — *Taux de l'intérêt.*

Une troisième exception se trouve dans l'art. 1907, § 2, où il est dit que « le taux de l'intérêt conventionnel » doit être fixé par écrit ». A cette époque, le taux n'étant assujetti à aucun maximum, les rédacteurs du Code pensaient que les prêteurs n'oseraient stipuler par écrit des intérêts usuraires, et que l'article les maintiendrait dans le devoir. De là, certains auteurs avaient conclu qu'on ne pouvait prouver par témoins une convention d'intérêt, fût-elle inférieure à 150 fr. Mais cette opinion est contredite par l'article 1342 du Code civil, qui suppose, au cas où la demande d'inté-rêts réunis au capital n'excède pas la somme de 150 fr., l'admissibilité de la preuve testimoniale, ce qui place la convention d'intérêt sous l'empire du droit commun. Aujourd'hui, la loi du 9 septembre 1807 n'ayant pas reproduit la disposition de l'article 1907, il est permis de prouver ce qui concerne l'intérêt, conformément aux règles du droit commun.

§ 4. — Transaction.

La transaction doit être rédigée par écrit (art. 2044). « La transaction, disait le tribun Albisson au Tribu- » nat, devant terminer un procès, c'eût été risquer » d'en faire naître un nouveau, que d'en laisser dé- » pendre l'effet de la solution d'un problème sur l'ad- » missibilité ou les résultats d'une épreuve testimo- » niale. » (Fenet, XV, p. 115.) Il ne faut pas en conclure cependant qu'un écrit soit indispensable à la validité de la transaction : les parties sont libres de transiger sans constater l'opération par la rédaction d'un acte ; mais si, un désaccord se produisant, elles veulent prouver qu'elles ont transigé, elles ne seront pas écoutées sur la seule production des témoins.

La preuve testimoniale est proscrite en cette matière, non seulement quand la valeur du litige ne dépasse pas 150 fr., mais encore quand il y a un commencement de preuve par écrit. Cependant un arrêt de la Cour d'appel de Lyon, du 8 mai 1879 (Dall., 81, II, 26), a décidé qu'une transaction peut être prouvée par témoins lorsqu'il existe un commencement de preuve par écrit. Cette décision est trop contraire au texte et au but de l'article 2044 pour pouvoir être admise.

Quant au compromis, il est soumis aux mêmes règles que la transaction (art. 1005 C. proc. civ.).

§ 5. — *Antichrèse.*

L'antichrèse ne s'établit que par écrit (art. 2085).
La preuve testimoniale est proscrite, même au-dessous
de 150 francs et avec un commencement de preuve
par écrit, aussi bien dans les rapports des parties
entre elles que dans les rapports du créancier anti-
chrésiste et des tiers. Ceux-ci doivent, de plus, être
avertis par la transcription de l'acte d'antichrèse au
bureau des hypothèques de la situation des biens
(art. 2, 1° L. du 23 mars 1855). L'antichrèse n'est pas
cependant un contrat solennel. Si la loi demande la
rédaction d'un acte pour l'établissement de l'antichrèse, ce n'est pas à peine de nullité ; un nantis-
sement immobilier, constitué verbalement, aurait,
croyons-nous, autant de valeur que s'il était rédigé
par écrit, et la sanction portée contre les parties pour
ne pas avoir satisfait au vœu de la loi serait l'inadmis-
sibilité de la preuve testimoniale, en cas de contestation.

§ 6. — *Sociétés.*

L'article 1834 applique aux sociétés civiles les
principes de l'article 1341. Le Code de commerce et
la loi du 24 juillet 1867 font exception pour les sociétés en nom collectif, en commandite ou anonymes.
Elles ne peuvent être formées que par écrit ; tantôt
un acte authentique est nécessaire, tantôt un acte
sous seing privé suffit.

§ 7. — *Contrat d'assurances maritimes.*

Les contrats d'assurances maritimes doivent aussi être rédigés par écrit (art. 332 C. com.), sans être pour cela des contrats solennels. Suivant certains auteurs, il faudrait assimiler au contrat d'assurances maritimes le prêt à la grosse. M. Bonnier combat vivement cette opinion.

§ 8. — *Cession d'office.*

La preuve d'une cession d'office doit également être faite au moyen d'un écrit. L'art. 6 de la loi du 25 juin 1841 a, dans un intérêt fiscal, exigé, pour faciliter la perception du droit de deux pour cent, que tout traité ayant pour objet la transmission, à titre gratuit ou onéreux, d'un office, soit constaté par écrit et enregistré avant d'être produit à l'appui de la demande de nomination. C'est une modification au droit antérieur, établi d'après la loi du 28 avril 1816, qui, assimilant à une vente le droit de présentation de son successeur par le titulaire d'un office, laissait l'opération soumise aux règles du Code civil et permettait, par conséquent, l'admission de la preuve testimoniale, pourvu qu'il existât un commencement de preuve par écrit (Cour de Bordeaux, 7 mai 1834 ; Dall., *Rép. de lég.*, v° OBLIGATIONS, n° 4820).

§ 9. — *Cession des brevets d'invention.*

L'article 20 de la loi du 5 juillet 1844 sur les brevets d'invention s'exprime ainsi : « La cession totale ou

» partielle d'un brevet, soit à titre gratuit, soit à titre
» onéreux, ne pourra être faite que par acte notarié,
» et après le paiement de la totalité de la taxe déter-
» minée par l'article 4. » C'est là une disposition
exceptionnelle en vertu de laquelle la loi exige presque
une solennité de contrat, que rien n'autorise à remplacer. Aussi la cession d'un brevet, quelque minime
qu'en fût le prix, ne saurait être prouvée par témoins.

———

POSITIONS

DROIT ROMAIN.

I. — Le fardeau de la preuve dans l'action négatoire incombait toujours au demandeur.

II. — Dans le dernier état du droit romain, la
preuve littérale avait une autorité plus grande que la
preuve testimoniale.

III. — La pécule *quasi-castrens* ne prit naissance
que sous Constantin.

IV. — Les actions *familiæ erciscundæ, communi
dividundo* et *finium regundorum* sont dites mixtes
tam in rem quam in personam, parce que l'arbitre a le
pouvoir de transférer la propriété et de créer un droit
de créance en établissant la soulte.

V. — Même avant Marc-Aurèle, l'exception de dol
insérée dans la formule des actions de droit strict
donnait au juge le pouvoir de compenser les créances.

VI. — Le sénatus-consulte rendu sous Septime Sévère et Antonin Caracalla s'appliquait aussi bien
aux donations par simple promesse ou par remise de
dette qu'aux *donationes rerum.*

DROIT CIVIL.

I. — L'écrit qui manque son effet pour inobservation de l'article 1325 peut servir de commencement de preuve par écrit contre son auteur.

II. — Le consentement du défendeur permet d'admettre la preuve testimoniale dans les cas où la valeur du litige l'eût fait écarter.

III. — L'acte de naissance reconstitué, au moyen de la preuve testimoniale, en vertu de l'article 46, produit, en matière de filiation, les mêmes effets que l'acte inscrit sur les registres.

IV. — Le commencement de preuve par écrit, dont parle l'article 341, doit s'entendre dans le sens de l'article 1347 et non dans le sens de l'article 324.

V. — La séparation de corps prononcée contre un époux entraîne de plein droit révocation des dons et avantages à lui faits par son conjoint.

VI. — Les déclarations faites par le mari en conformité de l'article 1435 constituent l'offre d'une subrogation aux effets de l'acquisition. L'acceptation de la femme rétroagit au jour même du contrat; mais jusqu'à l'acceptation l'offre est révocable.

VII. — Pour qu'une constitution de rente en perpétuel soit résolue pour défaut de paiement des arrérages pendant deux années, il faut que le débi-rentier ait reçu une mise en demeure.

VIII. — L'hypothèque légale de la femme mariée prend rang, pour sa dot et ses conventions matrimoniales, de la date de la célébration du mariage et non de celle du contrat de mariage.

PROCÉDURE CIVILE.

I. — Le demandeur en réintégrande doit prouver une possession annale, paisible et à titre non précaire.

II. — Un créancier chirographaire, muni d'un titre exécutoire, peut, dans le cas des articles 721 et 722 du Code de procédure, demander la subrogation dans les poursuites de saisie immobilière pratiquées contre son débiteur par un premier saisissant.

DROIT COMMERCIAL.

I. — En cas de faillite du tireur, la provision de la lettre de change appartient au porteur.

II. — Les créanciers privilégiés ou hypothécaires, en cas de faillite de leur débiteur, peuvent, sans avoir été vérifiés, se faire payer par préférence sur le prix des biens qui leur sont affectés, et en poursuivre la vente.

DROIT PÉNAL.

I. — Le père ou la mère qui tombe sous le coup de l'article 335 du Code pénal ne perd la puissance paternelle qu'à l'égard de l'enfant victime du délit.

II. — L'action civile résultant d'un crime se prescrit par dix années.

DROIT ADMINISTRATIF.

L'autorisation du Conseil d'État n'est pas nécessaire pour traduire devant les tribunaux un ecclésiastique à raison de délits commis dans l'exercice de ses fonctions.

J. MOLANT

Vu pour le droit civil,
TRUGEON.

Vu par le Doyen,
BODIN.

Vu et permis d'imprimer :
Le Recteur,
JARRY.

TABLE DES MATIÈRES

DROIT FRANÇAIS

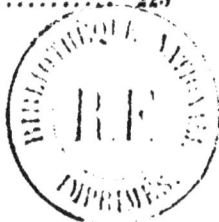

Poitiers. — Imprimerie Toudza et C⁰. — 1710.

PARIS
Impr. TOLMER et Cie
Succursale à Poitiers.

www.ingramcontent.com/pod-product-compliance
Lightning Source LLC
Chambersburg PA
CBHW071653200326
41519CB00012BA/2498